VINDOBONA
VERLAG SEIT 1946

SARWAR GAZALI

BLUT STATT ALMOSEN

Bibliografische Information
der Deutschen Nationalbibliothek:

Die Deutsche Nationalbibliothek
verzeichnet diese Publikation in
der Deutschen Nationalbibliografie.
Detaillierte bibliografische Daten
sind im Internet über
http://www.d-nb.de abrufbar.

Alle Rechte der Verbreitung,
auch durch Film, Funk und Fernsehen,
fotomechanische Wiedergabe,
Tonträger, elektronische Datenträger und
auszugsweisen Nachdruck,
sind vorbehalten.

www.vindobonaverlag.com

© 2021 Vindobona Verlag

ISBN 978-3-946810-90-2
Lektorat: Melanie Schlachter-Peschke
Umschlagfotos: M. Raheel Chauhan,
Rin Lagunova | Dreamstime.com
Umschlaggestaltung, Layout & Satz:
Vindobona Verlag
Innenabbildungen: Sarwar Gazali

Gedruckt in der Europäischen Union
auf umweltfreundlichem, chlor- und
säurefrei gebleichtem Papier.

Dieses Buch widme ich

meinem Vater.

Für ihre Unterstützung bedanke ich mich bei
- meiner Frau **Naghma Tabassum,** die mich tagtäglich dabei unterstützt, meine Schreibarbeit voranzutreiben.
- meinen Söhnen **Kashan** und **Danial,** die mir durch ihre Ratschläge geholfen haben, das Buch zu schreiben.
- allen anderen, die mich durch ihr wertvolles Lob und ihre Ratschläge ermutigt haben, meine Idee, dieses Buch zu veröffentlichen, zu verwirklichen.

Der Zug, in dem der achtzehnjährige Ahmad saß, hielt an, kurz bevor er den Hauptbahnhof von Jehlam erreichte. Der Zug stand am sogenannten Outersignal, also dem Bahnwarnsignal am Rande der Stadt. In diesem Augenblick war aus einem Lautsprecher etwas zu hören, und die Passagiere dachten, dass die Bahn ihnen die Gründe dafür durchgeben würde, weshalb die Fahrt nicht fortgesetzt wurde und sie hier warten mussten. Aber nein, die Durchsage kam aus einer nahe liegenden Moschee, deren Ansager die Aufmerksamkeit der Menschen erregen wollte. Die Moschee war noch im Bau, und ihr Sprecher wollte, dass die Passagiere, während sie nicht weiterkamen und im Zug warteten, mit großzügigen Spenden dieses Bauwerk, das Haus Allahs, unterstützten. Er verkündete, dass so etwas nicht nur eine gute Tat sei, sondern dass die Menschen dafür von Allah belohnt werden würden. Der Ansager sprach mit lauter Stimme weiter: „So werden wir in dieser Welt gut und schnell an unser Ziel kommen, und wir werden unser eigentliches Ziel, in die Gärten des Paradieses zu gelangen, auch ganz sicher erreichen."

Noch während der Ansage stiegen zahlreiche Kinder, die eine typische Kopfbedeckung für die Gebete trugen, die sogenannten *Topi*s, in die Waggons des stehenden Zuges ein und baten die sitzenden Passagieren um Spenden für die Moschee. Die Kinder waren sehr gut trainiert: Sie gingen in die Nähe der Menschen, die ihnen sympathisch vorkamen und dann fingen sie an, etwas zu singen und mitten im Gesang nahmen sie ihre *Topi*s von den Köpfen und legten sie vor die Menschen, um ihnen möglichst viel Geld zu entlocken. Der Gesang war religiös geprägt und bedeutete in etwa dasselbe, wie die Worte, die der

Ansager durch den Lautsprecher bereits gesagt hatte: „Wer im Namen Allahs etwas ausgibt, wird von Allah belohnt. Wer für den Bau von Allahs Gebethaus etwas spendiert, dem wird Allah ein Haus im Paradies bauen lassen."

Die Kinder gingen zu fast allen Passagieren, machten gute Einnahmen und verschwanden wieder dorthin, wo sie hergekommen waren. Bald war alles vorbei. Das Signal sprang von Rot wieder auf Grün, die Lok des Zuges gab ein lautes Pfeifen von sich, und der Zug fing an zu rollen und erreichte schon bald den Hauptbahnhof.

Jehlam war für Ahmad nur eine von vielen Zwischenstationen auf dem Weg nach Rawalpindi gewesen. Als der Zug sich schließlich in den Bahnhof von Rawalpindi einfädelte, wartete Ahsan, Ahmads Cousin, bereits auf dem Bahnsteig auf ihn.

Mit „Salam alaikum", begrüßten sie sich gegenseitig, nachdem der Zug angehalten hatte und Ahmad ausgestiegen war.

„Ahmad, sollen wir ein Taxi nehmen?", fragte Ahsan nur höflichkeitshalber, denn in Wahrheit wäre ein Taxi ihm zu teuer gewesen.

„Nein, warum denn? Es gibt doch viele Busse nach Islamabad", antwortete Ahmad seinem Cousin. Und fügte scherzhaft hinzu: „Ein Bus ist doch groß genug für uns beide?"

Bald waren die beiden zu Hause. Ahmads Onkel war noch bei der Arbeit. Seine Tante war aber daheim. Sie kochte ihm einen Tee und servierte ihm typisch pakistanische Süßigkeiten wie Halwa. Inzwischen war Ahsans jüngerer Bruder Hatim aus dem Zimmer von nebenan dazugekommen. Hatim ging es nicht gut. Er litt an Polio und war deswegen etwas gehbehindert. Er war eigentlich geistig ganz fit. Seine Krankheit allerdings forderte ihn sehr heraus. Schnell freundete er sich mit Ahmad, den er bisher noch nicht persönlich kannte, an, und zeigte ihm seine Fotos aus der Vergangenheit. Diese waren noch gar nicht so alt. Noch vor einem Jahr war er ein ganz normaler Junge und ging aufs College. Er zeigte diese Bilder, und auf einmal wurde er sehr traurig. Bis der Onkel nach Hause kam, beschäftigte Hatim seinen Cousin Ahmad und wollte gern etwas spielen oder erzählen und wirkte dabei wie ein kleines Kind. Ahsan ging zwischendurch einkaufen und holte einige Lebensmittel für die Zubereitung des Mittagessens. Seine und Hatims jüngere Schwester kam inzwischen von der Schule zurück.

Als dann endlich gegen vierzehn Uhr der Onkel nach Hause kam, ging Hatim sofort zu seinem Vater. Auch ihm gegenüber verhielt er sich wie ein kleines Kind. Und sein Vater umsorgte ihn auch dementsprechend. Der Onkel grüßte Ahmad kurz und versprach, gleich bei ihm zu sein. Er müsse vorher Hatim versorgen. Dann verschwand er mit Hatim im Nebenzimmer. Kurz darauf wurde das Mittagessen serviert. Die Tante hatte das Essen mit viel Liebe und Mühe zubereitet. Ahsans und Hatims Schwester hatte auch mitgeholfen. Der Onkel und Hatim saßen nebeneinander, und der Onkel half Hatim beim Essen. Hatim musste sich viel Mühe geben, um das Essen mit dem Löffel in den Mund zu bekommen. Der Onkel half ihm dabei mit viel Geduld. Die Stimmung war etwas getrübt. Es wirkte so, als ob die Familie von der Krankheit Hatims überfordert sei. Ahmad merkte, dass der Onkel nicht nur tiefes Mitleid gegenüber Hatim empfand, sondern auch Schuldgefühle – als wenn er durch seine Untätigkeit zu dessen Krankheit beigetragen hätte. Am Esstisch fehlte übrigens die Schwester von Ahsan und Hatim.

Ahmad bekam einen Schlafplatz im Wohnzimmer. Es gab eben nicht für jeden ein eigenes Zimmer. Am nächsten Tag war ein gemeinsamer Freund von Ahsan und Ahmad da, Shabbir aus Lahore. Er war mit dem Taxi nach Islamabad gekommen. Diese Nacht mussten Ahmad und Shabbir beide zusammen im Wohnzimmer verbringen.

Shabbir war angereist, weil er eine Reise zusammen mit Ahsan und Ahmad nach Nordpakistan unternehmen wollte. Frühmorgens fuhren alle drei als Erstes nach Murree, eine kleine Stadt in einer Entfernung von zwei Stunden von Islamabad. Murree ist ein Urlaubsort. Es war von Anfang an geplant, dass die drei sich in Islamabad zusammenfinden, dann nach Murree, später weiter nach Ayubiya reisen und dort einige Tage zusammen verbringen wollten. Ahmad, Ahsan und Shabbir waren schon immer sehr gute Freunde. Ahsan und Ahmad waren darüber hinaus ja auch verwandt. Früher hatten alle drei in Karachi gelebt. Damals hatten die drei Freunde dasselbe College besucht, das Islamia Science College. Ahsans Vater war dann vor fünf Jahren nach Islamabad versetzt worden und die ganze Familie musste dorthin mitumziehen. Auch Shabbirs Vater wurde aus beruflichen Gründen versetzt, allerdings nach Lahore, wohin dessen ganze Familie umgezogen war.

Ahmad war erst achtzehn Jahre alt, aber er hatte bereits viele Orte in Pakistan gesehen. Sein Vater arbeitete als Eisenbahningenieur und bekam daher für die Familie drei Fahrkarten im Jahr umsonst. Wenn aber keines der anderen Familienmitglieder diese Gratis-Fahrkarten brauchte, dann durfte Ahmad sie verwenden. Er hatte dadurch viele Reiseerfahrungen sammeln können. Der Onkel, Ahsans Vater, war in Islamabad beim Ministerium für die Stadtentwicklung beschäftigt. Er hatte, so wie die Väter von Ahmad und Shabbir, der Reise zugestimmt. Ahsans Vater versprach, für eine gute Unterkunft in Murree zu sorgen. Er hatte in einem staatlichen Gästehaus reserviert, in dem es einen Hausmeister und sogar einen Koch gab, der täglich die Versorgung übernahm. Sie verbrachten drei Tage in Murree. Es war sehr schön. Während dieser drei Tage konnte Ahmad auch beobachten, wie eine Reihe von einheimischen Jungen Touristen die Schuhe putzten und dabei ein paar Rupien verdienten. Sie kamen auch auf Ahmad zu. Ahmad versuchte einen der Jungen zur Rede zu stellen. Schließlich war einer der Jungen bereit, mit ihm zu reden, verlangte dafür aber eine Rupie. Ahmad wollte von ihm wissen, warum dieser junge Mensch als Schuhputzer arbeitete und wo sein Vater sei und wo die Väter der anderen Jungen seien. Der Junge erzählte ihm, dass sein Vater weit weg von zu Hause sei und irgendwo auf einem Kriegsfeld kämpfe. Und deswegen müssten er und die anderen Jungs ihre Familien ernähren. Ahmad war sich nicht bewusst, dass es unweit von Murree ein Schlachtfeld gab. In diesem Moment war ihm entfallen, dass dieser Junge eigentlich vom Krieg in Afghanistan sprach, als er von einem Krieg in der Ferne redete.

Nach den drei Tagen in Murree fuhren die Freunde weiter nach Norden, nach Ayubiya. Sie verbrachten auch dort ein paar Tage und kamen danach zusammen nach Islamabad zurück. Von dort fuhren Shabbir und Ahmad zusammen im Zug weiter. Shabbir stieg in Lahore aus, Ahmad fuhr nach Karachi.

Am Tag nach der Reise ging Ahmad zum Unterricht ins College. Da bemerkte er mit einem Mal, dass alle seine Mitschüler Uniformen trugen. Sie hatten zusätzlich zu ihren üblichen weißen „Schalwar" und „Kamiz", also den Blusen und Hemden, einen gelben „Chador" um, also einen langen Schal. Er war sehr überrascht. Dann erfuhr er, dass eine Uniformpflicht angeordnet worden war, die natürlich auch für ihn galt. Ahmad war darüber sehr betrübt und auch wütend, denn nach dem Verlassen der Schule nach der zehnten Klasse hatte er sich mit dem Ablegen der Schuluniform so befreit gefühlt, nun allerdings sollte er sich in der dreizehnten Klasse erneut einer Kleiderordnung anpassen. Trotz seiner Verärgerung ging er zu einer Gruppe von Schülerinnen und fing an zu scherzen. Er fragte seine Klassenkameradin Rehana, ob sie nun alle beabsichtigen würden, gleichzeitig zu heiraten. Denn gelbfarbige Gewänder trügen doch eigentlich die Bräute einige Tage vor der Hochzeit. Rehana war über diesen Scherz gar nicht so begeistert. Sie antwortete, dass sie und alle anderen Mädchen sehr unglücklich seien, dass sie so etwas als Uniform tragen müssten.

Ein paar Tage später besuchte Ahmad seinen Freund und Nachhilfelehrer Bashir in dessen Wohnung. Es war ein Ort, an dem er und noch einige weitere Freunde sich trafen, um sich nicht nur über die Unterrichtsstoffe auszutauschen. Sie redeten vielmehr über die Welt und die Politik und diskutierten darüber. An jenem Tag jedoch erhielten sie eine schlechte Nachricht, dass nämlich der kleine Bruder von Bashir, Nazir, seit gestern Nachmittag nicht nach Hause gekommen war. Bashir und seine Familie machten sich sehr große Sorgen um Nazir. Nazir war am gestrigen Morgen wie gewohnt zur Schule gegangen, war aber nachmittags nicht wie üblich zurückgekommen. Niemand hatte eine Ahnung, wo er sich aufhalten könnte. Wegen Nazirs

Verschwinden war die Stimmung bei allen sehr getrübt. Der Unterricht fiel aus. Die Diskussionsstunde war auch nicht so lebhaft. Alle überlegten, ob und wie sie der Familie von Bashir in dieser schwierigen Zeit helfen könnten. Aber keiner hatte einen konkreten Vorschlag. Alle gingen früher als üblich nach Hause.

Bashir hatte überall sehr viele Freunde und Bekannte. Schon am nächsten Tag hatte er aus Lahore die Nachricht erhalten, dass Nazir in Lahore gesehen worden war. Allerdings hatte man jede weitere Spur von ihm verloren und niemand wusste, wohin er vom Hauptbahnhof in Lahore aus gegangen war.

Genau vier Tage später war Nazir mit einem Mal wieder da. Bashirs Vater hatte schon vorher mit der Familie gesprochen und allen Familienmitgliedern das Versprechen abgenommen, dass, falls Nazir plötzlich nach Hause kommen sollte, niemand ihn darüber ausfragen dürfte, wo er gewesen sei und was er in seiner Abwesenheit gemacht hätte. Und so hatte ihn niemand zur Rede gestellt. Nach und nach aber kam alles ans Licht: Zusammen mit vielen anderen Jungen war er in einer Gruppe nach Lahore gefahren. Die Gruppe war von einer Person zusammengestellt worden, die normalerweise in einer in der Nachbarschaft gelegenen Moschee nach den Gebeten immer ein *Dars,* also ein religiöses Gespräch, initiierte. Die Kindergruppe war erst nach Lahore und dann weiter nach Raiwind gefahren. Hier hatte ein großes religiöses Fest stattgefunden. Abertausende Menschen aus verschiedenen Teilen des Landes waren dorthin gereist. Anlass war die alljährlich stattfindende *Ijtema,* eine Art Kirchentag. Die Menschenmenge war überwältigend. Man schien dort fast verloren. Die Kinder blieben dort aber nicht auf sich gestellt. Sie wurden in verschiedene Gruppen mit eigenen Betreuern aufgeteilt. Zusammen mit einer Reihe anderer Jungen wurde Nazir so auch in Obhut genommen. Ein als Betreuer ernannter Mann kümmerte sich um die Jungen. Er verhielt sich sehr freundlich und kümmerte sich um das Essen und die Nachtruhe der Gruppe. Alles war soweit in Ordnung, bis Nazir eine sehr schlechte Erfahrung machte.

In einer Lagerhalle, wo er mit anderen Kindern geschlafen hatte, war ihm mitten in der Nacht etwas Seltsames passiert.

Während er tief geschlafen hatte, war ihm so, als ob jemand auf ihm gelegen und versucht hätte, ihn heftig zu küssen. Er wurde sofort wach. Jemand war ganz nah an ihm. Als er versuchte, diesen wegzuschubsen, ließ der Mann ihn nicht los. Nazir versuchte sich zu wehren. Der Mann aber umklammerte ihn nun umso fester. Im Dunkeln erkannte Nazir, dass es ein bärtiger Mann war. Nazir fing an zu weinen, und als er dann laut wurde und andere junge Leute dadurch wach wurden, machte der Mann das Licht an und fing an, Nazir zu trösten. So, als ob Nazir während seines Schlafes schlecht geträumt hatte und er ihn von seinem Alptraum wachrütteln wollte.

„Du hast während des Schlafens geweint", sagte der Mann und versuchte dabei noch, Nazir anzufassen. Nazir zuckte zurück und gab keine Antwort von sich. Alle, die wach geworden waren, legten sich nun wieder hin, und das Licht wurde ausgeschaltet. Nazir aber konnte nicht einschlafen. Er tat allerdings so, als ob er wieder schlafen würde. Kurze Zeit später stand er auf und verließ heimlich das Lager. Erst mit dem Bus und dann mit der Bahn fuhr er wieder zurück nach Karachi zu seiner Familie.

Nach diesem Erlebnis hatte sich Nazir vollkommen verändert. Er war zwar auch früher nicht sehr redefreudig gewesen, aber nach seiner Rückkehr war er auffällig still geworden. Er wollte mit niemanden sprechen und ging auch zu seiner Schule nur noch widerwillig. Er hatte kaum noch Appetit. Nazir hatte aus dieser Erfahrung seine eigenen Schlussfolgerungen gezogen. Er wollte jetzt nicht mehr in die Moschee gehen. Seine Familie war nicht wirklich religiös, und so hatte ihn niemand nach seinen Gründen gefragt.

Die Studentenwahlen an der Universität von Karachi rückten näher. Bashir wurde von seinem Studentenverband NSF (Nationaler Studentenverband) als Kandidat für das Amt des Generalsekretärs des Studentenparlaments (Stupa) vorgeschlagen. Bashir traf sich mit Ahmad und seinen anderen Freunden nicht nur in der Universität, sondern auch bei sich zu Hause, um sich den Wahlvorbereitungen zu widmen. Es musste alles organisiert werden: Plakate und Banner anfertigen, witzige Sprüche auf Transparente schreiben und vieles andere. Es gab für jeden viel zu tun. An der Uni war so einiges los. Es gab etliche Veranstaltungen von verschiedenen Verbänden, die unterschiedliche Kandidaten aufgestellt hatten. Der größte Kampf um den Posten im Studentenparlament wurde ausgetragen zwischen der rechts stehenden religiösen Partei Islami Jameet-e-Tulba, also dem islamischen Studentenverband, und den Linken, zu welchen der NSF gehörte. Es gab auch weitere Gruppen und Parteien sowie den Mohajir-Studentenverband, die APMSO. Die Mohajirs waren diejenigen, die ehemals aus Indien nach Pakistan eingewandert waren. Sie waren zur Gründungzeit Pakistans vorwiegend nach Karachi gekommen.

Die politische Lage in Pakistan war zu dieser Zeit ziemlich unberechenbar. Die Regierung von Bhutto war vor einigen Jahren bei einem Militärputsch unter dem damaligen Stabschef Zia-ul-Haq gestürzt worden.

Nach dem verlorenen Krieg im Dezember 1971 wurde Bhutto das Präsidentenamt vom damaligen Militärdiktator, Yahya Khan, übergeben, und es wurde ein Notstandsstaat verhängt. Als Bhutto mit dem Wiederaufbau Pakistans begann, erklärte er, dass er die Absicht habe, das Vertrauen neu zu stärken und die Hoffnung für die Zukunft wieder aufzubauen. Im Juli 1972 hatte Bhutto nach der Unterzeichnung des Simla-Abkommens 43.600 Kriegsgefangene und 5.000 Quadratkilometer von Indien zurückerobert. Er verstärkte die Beziehungen zu China und Saudi-Arabien, erkannte Bangladesch an und war Gastgeber der zweiten Organisation der Islamischen Konferenz in Lahore 1974. Im Inland wurde im Parlament 1973 einstimmig für eine neue Verfassung gestimmt, anhand derer er Fazal Ilahi Chaudhry zum Präsidenten ernannte und selbst in das neu ermächtigte Amt des Premierministers wechselte. Er spielte auch eine wesentliche Rolle bei der Initiierung des Atomprogramms des Landes. Bhuttos Verstaatlichung eines Großteils der jungen pakistanischen Industrien, Gesundheitsfürsorge und Bildungseinrichtungen führte jedoch zu wirtschaftlicher Stagnation. Nachdem die sich auflösenden provinziellen feudalen Regierungen in Baluchistan auf Unruhen gestoßen waren, ordnete Bhutto 1973 auch eine Armeeoperation in der Provinz an, die Tausende von zivilen Opfern forderte. Bhutto ließ sich und seine Partei im Jahr 1977 erneut wählen. Trotz ziviler Unordnung gewann die PPP 1977 die Parlamentswahlen mit großem Abstand. Die Opposition behauptete jedoch, dass weitverbreitete Wahlmanipulationen durchgeführt worden seien, und die Gewalt eskalierte im ganzen Land. Am 5. Juli desselben Jahres wurde Bhutto somit von seinem Armeechef General Zia-ul-Haq bei einem Militärputsch abgesetzt. Er wurde 1979 vom Obersten Gerichtshof Pakistans wegen der Ermächtigung zur Ermordung eines politischen Gegners kontrovers vor Gericht gestellt und hingerichtet. Während Bhutto in der Geschichte Pakistans ein umstrittener Vertreter bleibt, zählt seine Partei, die PPP, weiterhin zu den größten Pakistans.

Nach dem Putsch war die Unterdrückung der politischen Arbeit enorm. Die Meinungsfreiheit und weitere grundlegende Menschenrechte wurden kaum berücksichtigt. Die Menschen hatten das Gefühl, kaum atmen zu können. Das Zia-Regime hatte mit der sogenannten Islamisierung des Landes begonnen. Die Regierung wollte die bestehende Verfassung ganz außer Kraft setzen. Zahlreiche neue gesetzgebende Organe und Sondergerichte wurden gegründet. Die Regierung brauchte aber für ihre Vorhaben eine breite Unterstützung durch die Bevölkerung. Und sie warb dafür massiv. Nur einige Opportunisten, die sonst nicht durch ihre Bildung weitergekommen waren, folgten ihr. Einige Unterstützer waren auch Mullahs, die sonst keineswegs irgendein politisches Amt hätten bekleiden können. Zudem bekam das Diktatur-Regime Unterstützung von Feudalherren. In einer solchen Atmosphäre, in der alle politischen und sonstigen kulturellen Aktivitäten und politischen Parteien verboten waren, gewannen die Stupa-Wahlen immens an Bedeutung. Die Stupa-Wahlen waren in der politischen Kultur Pakistans fest verankert. Durch sie versuchten die großen, aber offiziell verbotenen Parteien, ihre Programme bekannt zu geben und ihren Einfluss zu erweitern. Die Studenten sahen dabei ihre Chance, ihre eigene Meinung frei äußeren zu können. Der NSF und die anderen linken Gruppen waren starke Gegner des Zia-Regimes. Die rechten Gruppierungen dagegen, aber auch die APMSO, waren regimenahe Parteien. Obwohl es bei den Wahlen an den Universitäten keineswegs um die Landespolitik ging und sie im Land politisch kaum etwas bewirkt hätten, schien es ganz so, als ob die Abstimmungsergebnisse Einfluss auf die Politik auf der Landesebene nehmen könnten.

Bashir und sein Verband versuchten, alle Linksfraktionen auf einer Plattform zu vereinen, was nicht ganz einfach war. Zwar waren sie sich darüber einig, dass sie zusammenhalten müssten, um den Rechten die Stirn zu bieten und um keine Sitze zu verlieren, aber zeitgleich wollte keine Partei auf ihre Kandidaten verzichten. Ein Zusammentun oder eine Koalition bedeutete jedoch, dass die Parteien – statt ihren eignen Kandidaten – einen gemeinsamen Kandidaten aufstellen müssten. Die APMSO hatte diese Idee kategorisch abgelehnt. Nach langer Verhandlung jedoch konnte unter den verschiedenen Gruppen Einigkeit erzielt worden. Dabei setzte der NSF seinen Kandidaten, nämlich Bashir, durch. Diese Partei war im Vergleich zu den anderen groß, und Bashir besaß gute Aussichten, gewählt zu werden. Der Wahlkampf gestaltete sich hart, aber auch sehr interessant. Die Reden, die gehalten worden waren, waren sehr unterschiedlich und vorwiegend von der Landespolitik geprägt. Die linken Fraktionen waren sehr regimekritisch. Diese Haltung war dem Diktatur-Regime ein Dorn im Auge. Auf der anderen Seite hatten die gesamten Apparate und die Verwaltung der Universität regierungstreue Haltung angenommen. Sie waren nicht in der Lage, den Ärger der Regierung auf sich zu nehmen. Dabei stand ohnehin die Mehrheit der Dozenten hinter den Machenschaften der Regierung, und sehr wenige verhielten sich kritisch. Aber die wenigen, die mit der Politik der Regierung nicht einverstanden waren, wollten nicht offen ihre Meinungen äußern, da sie um ihre berufliche Karriere fürchteten. Die Rechten wollten nicht nur einen, sondern alle drei Sitze für sich beanspruchen. Es war einfacher für sie, dies zu tun, da sie ja von den rechtsgerichteten

Lehrkräften unterstützt wurden. Es herrschte eine zornige Stimmung. Je näher der Wahltag rückte, desto stärker stieg die Anspannung, zum Schluss stieg auch die Gewaltbereitschaft deutlich. Die Rechten fingen mit Gewalttaten an, und die Linken wollten sich nicht abschrecken lassen. Die Gewaltspirale reichte von verbalen Streitigkeiten bis hin zu Handgreiflichkeiten. Polizeiliche Anzeigen wurden erstattet. Aber die Spirale der Gewalt wollte kein Ende nehmen. Und am Wahltag erreichte sie schließlich ihren Höhepunkt. Handgranaten kamen zum Einsatz, und alle Wahllokale an der Universität hatten sich in ein Schlachtfeld verwandelt. Die Polizei musste massiv eingreifen, sodass die Wahl bis auf Weiteres verschoben wurde. Die Verhaftungswelle führte zu einem Verbot des Studentenparlaments.

Nach diesen chaotischen Ereignissen saßen an einem anderen Tag Ahmad, Bashir und weitere Freunde bei einem Kommilitonen namens Qamer zusammen, als plötzlich Nazir hereinkam und etwas Wichtiges nur mit Bashir besprechen wollte. Bashir folgte Nazir nach draußen und fragte ihn, was so Besonderes an diesem Abend passiert sei, dass Nazir extra zu Qamer geeilt war. Doch als Bashir wieder ins Zimmer eintrat, war sein Gesicht blass vor Schreck. Er schluckte mehrmals, bevor er anfing zu sprechen. Folgende Nachricht gab er weiter: „Freunde, ich fahre jetzt nach Hause und werde die Polizeiwache aufsuchen, in der mein Vater festgehalten wird. Ich werde mich sodann selbst der Polizei stellen, damit mein Vater, der mit Politik nichts zu tun hat, nach Hause gehen kann."

Und Bashir tat genau wie angekündigt. Ahmad und die gemeinsamen Freunde schalteten währenddessen einen Anwalt ein. Die Polizei ließ Bashir und seiner Familie über den Anwalt ausrichten, dass er unter zwei Bedingungen freigelassen und die Anklage fallen gelassen werden könnte. Die Bedingungen wären erstens, dass er sich für sein Fehlverhalten entschuldige und akzeptiere, ohne einen Abschluss aus der Universität entlassen zu werden, und zweitens, dass er zukünftig keiner politischen Arbeit nachgehen dürfe.

Die Eltern von Bashir wollten unbedingt, dass ihr Sohn schnell wieder entlassen wird. Sie überredeten ihn, alle Bedingungen der Polizei zu akzeptieren und dies schriftlich mit seiner Unterschrift zu bestätigen. Bashir folgte den Wünschen seiner Eltern, und tat, was von ihm verlangt wurde. Er unterschrieb die Vereinbarung der Polizei. Er durfte das Polizeigefängnis verlassen, aber er wurde nun der Gefangene seiner verletzten Seele.

Bei den Verhaftungswellen wurden außer Bashir viele weitere Studenten, ebenfalls Mitglieder der verbotenen Partei PPP, verhaftet. Jegliche politischen Aktivitäten waren nun verboten. Und so machte sich eine große politische Verdrossenheit breit. Das führte dazu, dass sich viele radikale Gruppen bildeten, die gegen das herrschende Kriegsrecht agierten. Ihr Hauptziel lag darin, das Zia-Regime zu stürzen. Dies war aber nicht ganz einfach. Dabei sind einige dieser Gruppen auch einige Mal in ihren Aktionen zu weit gegangen.

Bashir kümmerte sich um seine Kommilitonen, die ebenfalls im Zusammenhang mit den Studentenwahlen verhaftet worden waren. Zusammen mit Ahmad besuchte er Sofi, der im Zentralgefängnis von Karachi einsaß. Sofi war ein sehr enger Freund von Bashir und Ahmad. Der Staatsanwalt hatte es grundsätzlich abgelehnt, ihn freizulassen. Gegen ihn wurden schwere Vorwürfe erhoben, unter anderem die Beteiligung an der Verwendung von Handgranaten während der Demonstrationen auf dem Universitätsgelände. Es stimmte schon, dass während der Kundgebung so etwas passiert war. Eine der Handgranaten war von einer Moschee auf das Universitätsgelände geworfen worden. Alle Studenten waren schockiert darüber, dass so etwas geschehen konnte. Sie waren darüber sehr beunruhigt und besorgt. Der Polizei gelang es nicht, herauszufinden, wer tatsächlich daran beteiligt gewesen war. Und so wurde Sofi beschuldigt. Ahmad und Bashir waren fest davon überzeugt, dass Sofi so etwas niemals machen würde. Allerdings konnte dies niemand beweisen. Der Anwalt von Sofi war auch nicht besonders fähig, sondern eher eine Schlafmütze. Der Anwalt stellte aber immerhin in Aussicht, Sofi bald auf Kaution freizubekommen. Das war ein schwieriges Unterfangen, denn die Richter und Staatsanwälte waren alle korrupt. Sie hatten kein Interesse daran, schnell Gerechtigkeit walten zu lassen. Sofi war einer von vielen, die auf diese Weise ihr Leben schuldlos im Gefängnis verbrachten. Dazu kam noch, dass die Staatsanwälte nicht in der Lage waren, Beweise vorzubringen, sodass keine Anklage erhoben wurde. Dies führte dazu, dass die Gerichte immer wieder ergebnislos tagten. Und dies wiederum verschärfte die Stimmung. Die Menschen wurden immer ungeduldiger. Nicht nur diejenigen, die im Gefängnis saßen, sondern auch diejenigen, die draußen waren.

Einige Zeit später zog Bashir in eine andere Stadt und konnte dort doch sein Studium fortsetzen. Er musste allerdings unauffällig leben. Für Politik und andere kulturelle Beschäftigungen nahm er sich keine Zeit mehr – noch hatte er Mut dazu. Nach Beendigung seines Studiums fand er hier und da irgendwelche Jobs. Sobald jedoch etwas über seine Vergangenheit herauskam, wurde er entlassen. Er gab dennoch nicht auf und fing jedes Mal neu an.

Dann war eines Tages im Radio zu hören, dass ein pakistanisches Flugzeug entführt worden war.

Am 2. März 1981 erreichte die Menschen die Nachricht, dass drei pakistanische Luftpiraten eine Maschine der pakistanischen Fluggesellschaft PIA entführt hatten. Sie hatten die Maschine mit etwa 150 Menschen an Bord kurz nach dem Abheben unter ihre Kontrolle gebracht. Die Luftpiraten erzwangen die Landung der Maschine in der afghanischen Hauptstadt Kabul. Es waren sehr schwere Tage für die Passagiere an Bord. Nach und nach wurden sie aber unversehrt freigelassen. Es dauerte ganze zwölf Tage, bis die Entführung beendet werden konnte. Die pakistanische Regierung hatte schließlich eingewilligt, 53 politische Häftlinge freizulassen. Die Flugpiraten verhandelten im Namen des ältesten Sohns des erhängten Premierministers Zulfiker Ali Bhutto. Ob dieser tatsächlich darin verwickelt war, wusste niemand so genau. Allein schon wegen des Namens aber stand die Entführung in dem Ruf, ein Racheakt für die Ermordung des Premierministers gewesen zu sein. Aber scheinbar wollten die Entführer auch Druck auf das Zia-Regime ausüben, um die Militärdiktatur und das verhängte Kriegsrecht zu schwächen und um mit dieser Entführung die internationale Aufmerksamkeit zu gewinnen.

Unter den 53 freigelassenen Häftlingen waren einige Studenten, die zu jener Gruppe gehörten, die bei der Verhaftungswelle an der Universität von Karachi festgenommen worden waren und seitdem im Gefängnis saßen.

Die Clique von Bashir und Ahmad hatte sich inzwischen aufgelöst. Einige zogen in andere Städte, und Ahmad begab sich ins Ausland.

In Pakistan besuchen fast alle Kinder ab dem Alter von etwa fünf Jahren eine Koranschule, aber meistens nur für eine kurze Zeit. Dort lernen sie, den Koran auf Arabisch zu lesen. In diesen Koranschulen lernen die Kinder ausschließlich das Koranlesen, ohne den Inhalt zu verstehen. Die Eltern wissen, dass die Lehrer dieser *Medressen,* also Koranschulen, oft nur sehr bedingt über eine klassische säkulare Schulbildung verfügen. Die Erziehung und andere Bildungsaufgaben kann man daher nicht allein jenen Lehrern überlassen. Im Alter von vier Jahren und vier Monaten durchläuft ein Kind zuerst eine besondere vorbereitende Zeremonie. Während dieser feierlichen Handlung hält es eine Schreibfeder und erlernt das Lesen erster Worte. Zu einem solchen Festakt findet die ganze Familie zusammen, und das Kind bekommt neue Kleidung, Süßigkeiten und Geschenke. Den Abschluss dieser Zeremonie nimmt ein religiöser Gelehrter entweder zu Hause oder in einer Moschee oder *Medresse* vor. Für diesen segnenden Akt bereiten die Familien einen Korb mit Obst und Süßem wie auch silbernes Schreibzeug, Schreibtafel und Tintenfass vor. Bei der Tinte handelt es sich um eine speziell für diesen Anlass hergestellte Tinte aus Safran. Der Mullah betet und segnet das Kind wie auch die Utensilien. Zusammen mit dem Kind schreibt er dann auf die silberne Tafel den Satz: Im Namen Allahs, des Barmherzigsten, des Gnädigen. Dabei erhält das Kind das Gefühl, den Satz eigenhändig geschrieben zu haben und fühlt sich dabei stolz. Doch in Wirklichkeit schreibt der religiöse Gelehrte diese Worte. Anschließend spricht das Kind die geschriebenen Worte. Alle Anwesenden loben das Kind sehr. Es wird gepriesen, und ihm wird viel Wertschätzung entgegengebracht. Nach dieser Einschulungsphase werden die Kinder anschließend in den Kindergarten, auch *Nursary* genannt, oder in Vorschulen geschickt.

Alle Kinder in der nahen Verwandtschaft von Ahmad sowie er selbst besuchten diese *Medressen* nur für kürzere Zeit – bis auf einen Cousin von Ahmad, der länger in einer solchen Koranschule blieb. Er verbrachte sogar eine sehr lange Zeit auf solch einer Koranschule. Er hieß Imran und war eines von fünf Kindern von Zarina und ihrem Mann Mohammad. Er war ein sehr lebhaftes Kind und galt als besonders klug. Ihre übrigen Kinder hatten Ahmads Onkel und Tante auf sehr angesehene Schulen in der Stadt geschickt.

Imrans vier Geschwister genossen eine gute Schulbildung und waren auch später beruflich erfolgreich. Imran dagegen blieb außergewöhnlich lange in der *Medresse*. Was die Eltern zu der Entscheidung bewog, Imran neben der üblichen auch einer intensiven religiösen Ausbildung zu unterziehen, hatten sie nie verraten. Der Lehrer der Koranschule besuchte Imrans Familie häufiger. Dabei brachte er jedes Mal das Gespräch darauf, Imran weiterhin auf der Koranschule zu belassen. Imran war bei den Gesprächen jedes Mal anwesend und stimmte seinem Koranlehrer zu. Ihm war der Besuch der Koranschule ein großes Anliegen. So gaben die Eltern ihr Einverständnis, und Imran setzte den Unterricht an der *Medresse* fort.

Die schleichenden Veränderungen in seinem Charakter bemerkten die Eltern nicht sofort. Zuerst verschlechterten sich seine schulischen Leistungen. Sein Koranlehrer versuchte ihn derweil glauben zu lassen, dass Gott ganz anderes mit ihm vorhabe. Er sei ja ganz anders als seine Geschwister und zu viel höheren Aufgaben berufen. Er solle sich auf das Fach Religion konzentrieren, und weil bei den normalen Schulen der Unterricht zum Fach Religion viel zu schlecht sei, solle er bei ihm bleiben und sich bei ihm in die Religionskunde vertiefen.

Dann ließ sich Imran einen Bart wachsen. Er trug jetzt nur noch *Schalwar Kamiz,* eine traditionelle pakistanische Tracht. Jeans oder ähnliche westliche Hosen lehnte er ab. Typisch für die religiös Konservativen trug er außerdem ein Tuch über der

Schulter. Imran hatte sich innerlich und äußerlich sehr verändert. Er redete nicht mehr so viel wie früher und zog sich bei Gesprächen zurück.

Eines Tages nahm sein Koranlehrer ihn mit auf eine Reise zu einer Veranstaltung. Obwohl die Eltern eigentlich dagegen waren, stand Imran so sehr unter dem Einfluss seines Lehrers, dass seine Eltern ihn nicht davon abhalten konnten. Nun kam es so, wie es kommen musste. Während der Fahrt mit dem Zug wurde er von seinem Lehrer missbraucht. Imran schämte sich dafür sehr, er wusste überhaupt nicht, wie er mit diesem Erlebnis umgehen sollte. Aber anders als bei Nazir, dem Bruder von Bashir, wurden ihm Drogen verabreicht, sodass er den Missbrauch im Rausch erlebte. Alles kam ihm verworren vor. Einerseits war es qualvoll, andererseits hatte er auch eine Art von Lust verspürt. Der anfänglichen Scham folgten seelische Qualen, Traumata und Angstzustände. Bei einem Mal Missbrauch war es nicht geblieben, die gesamte Rückreise nach Karachi war von dieser sexuellen Gewalt bestimmt. Er wusste nicht, wie er sich gegen seinen doch so respektierten Lehrer wehren sollte.

Er wurde schließlich so krank, dass man es deutlich an seinem Gesicht ablesen konnte. Seine Eltern dagegen nahmen erst einmal nichts wahr. Erst als er seine Schule aufgegeben hatte und nur noch die *Medresse* besuchte, merkten die Eltern, dass irgendetwas mit ihrem Sohn nicht in Ordnung war. Sie verstanden aber nicht, was Imran mit sich herumtrug. Sie stellten ihren Sohn einem Arzt vor, aber auch ihm gegenüber blieb Imran verschwiegen. Darüber hinaus konsumierte Imran auch noch Drogen, wovon die Eltern ebenfalls nichts wussten. Gleichzeitig wurde Imrans Mutter schwer krank. Sie litt bereits an Diabetes und an Herzerkrankungen. Nun ging es ihr noch schlechter. Sie war so schwer krank geworden, dass sie nicht mehr aufstehen konnte und den ganzen Tag im Bett lag. Imran ging sehr liebevoll mit seiner Mutter um. Er als Einziger kümmerte sich fast Tag und Nacht um sie. Seine älteren Brüder waren in die Vereinigten Staaten von Amerika gezogen. Die Schwestern waren verheiratet, und so war niemand da, der sich um die Mutter kümmern und den

Haushalt erledigen konnte. Lediglich eine Frau kam ins Haus, die im Haushalt helfen sollte. Imran blieb zu Hause und gab der Frau Anweisungen, was zu erledigen sei. Er war es auch, der seine Mutter fütterte und ihr Medikamente gab.

Der Fall von Imran beschäftigte seine Eltern inzwischen sehr, aber sie waren sich uneinig darüber, was sie genau tun könnten, um ihm zu helfen. Sie fingen an, sich wegen der Entgleisung ihres Sohnes gegenseitig Vorwürfe zu machen. Sie versuchten, den Hauptschuldigen für diese Lage zu finden. Imrans Geschwister waren sowieso von vornherein mit all dem nicht einverstanden gewesen und so distanzierten sie sich von ihrem Bruder. Seine äußere Erscheinung war einfach nur peinlich für sie gewesen. Das Verhalten seiner Geschwister und anderer Verwandte isolierte Imran immer mehr in seiner Familie und drängte ihn stattdessen zu seinem Lehrer und anderen Studenten der Koranschule. Dort fühlte er sich selbstsicherer und gut aufgehoben.

Die beiden Brüder schickten etwas Geld aus den USA und zusätzlich mit der Rente des Vaters konnte die Familie ganz gut leben. Imrans Vater hatte ihm zuvor einen Job besorgt. Er hatte diesen Job allerdings nicht sehr lange gemacht und schmiss ihn bald wieder hin. Er war vielmehr den ganzen Tag mit seiner Mutter beschäftigt gewesen. In einem Land, in dem es keine funktionierenden sozialen Netzwerke gibt und keine staatlichen Organisationen, die sich um die Belange der älteren Menschen kümmern, sind die Menschen, wenn sie alt geworden sind, auf die Hilfe der nahen Verwandten angewiesen.

Die ganze Stadt war mit Plakaten überhäuft. Der Aufruf zur Teilnahme an der *Ijtema,* dem alljährlichen Kirchentag, war überall in Raiwind zu sehen. Viele junge Menschen und Leute aller Altersgruppen waren an den Vorbereitungen beteiligt. Nachdem Nazir vor einigen Jahren bei solch einer Veranstaltung seine schlechten Erfahrungen gesammelt hatte, hatte er einen Verein gegründet, der jungen Leuten helfen sollte, denen es während der Veranstaltung möglicherweise ähnlich erging. Er hatte die Beratungen aufgenommen und versuchte, Jugendliche vor unerwarteten Unannehmlichkeiten, wie sie einst ihm passiert waren, zu bewahren. Er versuchte nicht, die jungen Leute davon abzuhalten, dass sie an der Veranstaltung teilnehmen, vielmehr wollte er, dass sie beraten werden, um vor gewissen Situationen besser geschützt zu werden. Als dem einen oder anderen in seinen Beratungen aber klar wurde, was ihnen dort passieren könnte, nahmen sie davon Abstand. Nazir hatte auch einige andere, die ebenfalls solche Erfahrungen gemacht hatten, zur Mitarbeit in seinem Verein motiviert. Er hatte auch einigen jungen Leuten beim Ausstieg aus solchen Milieus geholfen. Auch der Bruder von Qamer hatte solche Erfahrungen gemacht und hatte sich Nazir angeschlossen.

Ahmad war zu Besuch nach Pakistan gekommen. Als er Imran begegnete, wusste er sofort, was mit ihm los ist. Er suchte seinen alten Freund Bashir, aber er war hier nicht mehr vorzufinden. Ahmad konnte sich jedoch über Qamer, auch ein alter Freund, mit Nazir und Qamers Bruder treffen. So informierte er sich auch über deren Verein.

Er brachte Imran zu den beiden, um ihn an einer Beratung teilnehmen zulassen. Imran nahm anfangs an den Gesprächen und an der Beratung teil. Er sollte diese Beratungen mehrfach in Anspruch nehmen, was er aber nicht tat. Er hatte das alles auch nicht ernst genomen. Ihm fehlte der Wille zum Ausstieg. Er fühlte sich zu schwach.

Trotz der Krankheit seiner Mutter sagte er zu ihr: „Mama, ich muss für ein paar Tage weg. Während ich weg bin, müssen meinen Schwestern sich um dich kümmern." Die Mutter wollte nicht, dass er fortgeht, zum einen wegen ihres eigenen schlechten Zustands, zum anderen weil es Imran jedes Mal, wenn er von solchen Touren zurückkam, einfach zu schlecht ging. Sie konnte aber Imran nicht davon abhalten. Er packte seine Sachen ein. Es wurde an die Tür geklopft, und Imran nahm seine Tasche, öffnete die Tür und sagte seiner Mutter Auf Wiedersehen. Die schwer kranke Mutter nahm ihre ganze Kraft zusammen und ging an die Tür und wollte sich von ihrem Sohn noch einmal verabschieden.

An der Tür stehend sah sie zu, wie der Koranlehrer mit Imran und anderen Kindern wegging. Imran schaute nicht zurück, worauf die Mutter gehofft hatte, und sie konnte ihm gar nicht noch einmal Auf Wiedersehen sagen. Alle entfernten sich und unterhielten sich während des Fortgangs.

Auf einmal drehte sich der Lehrer um und schaute die an der Tür stehende Mutter an. Das bedeutsame Lächeln auf seinen Lippen konnte der Mutter nicht verborgen bleiben. Sie fühlte sich so, als ob der Lehrer gewonnen habe und sie verloren.

Zarina, die Mutter von Imran, war eine intelligente Frau. Ihr Vater, ein Polizeibeamter, hatte ihr vieles beigebracht. Sie hatte vor ihrer Hochzeit nur zehn Jahre die Schule besucht. Sie kam nach der Eheschließung in die Heimat ihres Mannes – aus Indien nach Pakistan. Gemeinsam mit ihrem Ehemann bekam sie fünf Kinder.

Das Monatsgehalt des Ehemanns reichte nicht aus, um die Wünsche und Bedürfnisse der siebenköpfigen Familie zu erfüllen. Es reichte aber für die Ernährung der Familie. Sie hatte große Wünsche, aber viele Kinder zu haben war auch ihre Idee gewesen – aufgrund einer Vorgeschichte aus den ersten Jahren ihrer Ehe: Damals hatten Zarina und Mohammad erst zwei Kinder und lebten als Kleinfamilie glücklich in Karachi.

Dann reiste Zarina mit ihren beiden Kindern zusammen nach Indien, um ihre Eltern zu besuchen. Die Kinder waren noch klein und mussten nicht zur Schule, so konnte sie auch etwas länger als geplant bei ihren Eltern bleiben. Aber plötzlich brach ein Krieg zwischen den beiden Ländern aus, und sie konnte nicht mehr zurück. Ihr Mann war in Pakistan und sie mit den beiden Kindern in Indien. Dort brachte sie noch ein drittes Kind zur Welt. Der Mann zweifelte, ob das Kind von ihm stammen würde.

Der Krieg dauerte nicht sehr lange, sorgte aber für die Spaltung des Landes Pakistans und die dadurch entstandenen Probleme waren ziemlich gravierend. Der Ehemann musste mit seinen Eltern zusammen in den westlichen Teil des Landes flüchten. Bis er dort Fuß fassen konnte, dauerte es fast ein Jahr. Seine Frau konnte immer noch nicht nach Pakistan fliegen, denn es gab keinen Flugverkehr zwischen den beiden Ländern.

Sie musste erst nach Bangkok fliegen und von dort aus nach Karachi. So ist sie schließlich zu ihrem Mann zurückgeflogen. Angekommen in Karachi, waren sie und ihr Mann einander plötzlich ganz fremd, als ob sie sich gar nicht kennen würden. Nur langsam konnten sie ihre Beziehung wieder aufbauen. Und doch blieb einiges zu klären. Sie versicherte ihrem Mann, dass das dritte Kind doch von ihm stammen würde.

Das Kind war vor ihrer Reise nach Indien gezeugt worden, allerdings hatte sie es erst erfahren, als sie bereits in Indien war. Um ihrem Mann noch mehr Liebe zu schenken und seine Aufmerksamkeit zu gewinnen, dachte sie, noch ein paar Kinder zu haben, wäre nicht verkehrt. Kinder stärken die Familie.

Es ist übrigens auch üblich in Pakistan, eine große Familie zu haben, mit mindestens fünf oder sechs Kindern. Und sie bekamen noch einen Jungen und ein Mädchen. Insgesamt war die Familie glücklich und zufrieden. Die Frau versuchte neben ihrem Mann noch etwas dazuzuverdienen. Sie hatte hier und da durch kleine Geschäfte etwas verdient. Sie brauchte aber dafür auch große Bekanntschaften.

Bei diesen Bekannten handelte es allerdings auch um Menschen, die nicht ganz korrekt waren. Vor allem einige junge Leute hatten auch im kriminellen Milieu verkehrt. Sie pflegte auch Kontakt mit solchen Menschen mit kriminellem Hintergrund, um in ihrer Wohngegend ihre Einflüsse zu gewinnen. Sie geriet auch in Kontakt mit einer politischen Partei, die nur in dieser Stadt vertreten war.

Und diese Partei hatte keine weitsichtige politische Ansicht, sondern war berühmt für die Anwendung von Gewalt, um ihre politischen Ziele zu erreichen. Die politische Arbeit in Pakistan ist auch nicht immer ganz sauber. Ohne kriminelle Machenschaften lief hier gar nichts. Zarinas Mann war auch mit ihren Aktivitäten nicht einverstanden. Aber er hatte wenig zu sagen.

Diese Partei war auch aus einer Studentenbewegung in eine politische Partei übergegangen. Die APMSO, die ursprünglich nur eine Studentenbewegung war, etablierte sich als politische Partei und nahm zunächst ihre politische Arbeit in Karachi auf.

Ihre politischen Aktivitäten beschränkte sie nur auf die Stadt und versuchte, durch die populistischen Parolen Anhängerschaft zu gewinnen.

In der Stadt Karachi ließen sich viele Menschen nieder, die nach der Gründung Pakistans aus Indien nach Pakistan gekommen waren. Die neu gegründete Partei gab den Menschen mit Immigrationshintergrund zu verstehen, dass sie etwas Besonderes seien und sie würden bei der Bildung und Jobvergaben benachteiligt. In Wirklichkeit waren die Einwanderer in vieler Hinsicht besser dran als die übrigen Pakistaner. Sie verfügten über bessere Bildung und besetzten gute Posten. Sie waren die erfolgreichsten Geschäftsinhaber.

Der Mehrheit der Menschen in Pakistan ging es im Allgemeinen nicht so gut. Das wollte aber der Chef der MQM-Partei nicht begreifen. Nach seinem Hungerstreik und anderen Aktionen wurde er selbst durch das Militärgericht verklagt und verurteilt und dann ins Exil ins Ausland geschickt. Seine Anhänger blieben aktiv, und er gab seine Befehle aus dem Ausland per Telefon. Die Anhänger folgten ihm. So wurde die Partei am Leben gehalten. Das war auch weltweit eine einziartige, beispielhafte Parteiarbeit, die der Chef dieser Partei im Ausland sitzend leistete. Das Militärregime hatte aber solche Parteien in ganzem Land durchaus geduldet und sogar gefordert. Es profitierte von der politischen Lage und beanspruchte alleinige Herrschaft in Pakistan.

Es benutzte und forderte sogar politische Unruhen für ihre Eingriffe. Schuf dann aber zeitweise auch Ordnung und Ruhe im Land. So präsentierte es sich als alternative Regierung im Vergleich zur politischen Regierung, bei der Ruhe und Ordnung immer ein Problem gewesen war. So rechtfertigte das Militär seine Macht und sein Dasein.

Das Zia-Regime erreichte sein eigentliches Ziel damit, dass es versuchte, die landesweit vertretene Volkspartei PPP zu zerstören. Also ließ man im ganzen Land solchen lokalen und fragmentierten Parteien freie Hand. Auf diese Weise wollte man erreichen, dass es auf nationaler Ebene keine große Partei mehr gibt. Somit forderte auch keiner das Militärregime heraus.

In der Stadt Karachi leben keine einheitlichen Völker. Aus dem Landesinneren kamen sehr viele Menschen, die irgendeinen Job suchten.

Viele Pandschabis lebten schon immer hier und durch Pachtungen hatten hier ihre zweite Heimat gefunden. Die Stadt wuchs und wuchs, und es gab keine Planung. Es fehlten Infrastrukturen, Verkehrsplanung, Sanitäts- und andere Versorgungen. Das Leben wurde immer schwerer, die Menschen hatten nicht nur die Sorge, ihr tägliches Brot zu verdienen, sondern sie mussten sich auch selbst um alle Belange des Alltagslebens kümmern. Sauberes Trinkwasser, Grundschulen und medizinische Versorgung – alles war in privaten Händen, sodass quasi jeder für sich selbst alles kaufen musste.

Für reiche Leute war das alles kein Problem, aber der Mehrheit fiel es schwer, das Leben selbst zu meistern.

Alle Geschwister von Imran hatten die Schule mit der zehnten Klasse abgeschlossen. Und sogar auch weiterstudiert – bis auf Imran. Irgendwie war er ein Nestbeflecker geworden. Eigentlich waren die Eltern schuld daran, dass sie auf ihr Kind nicht besser aufpassen konnten und er in die Hände eines solchen Koranschullehrers geraten war. Dieser hatte das Kind voll ausgenutzt.

In der hochkonjunkturellen Zeit der Koranschulen war die Familie von Imran nicht die einzige, die so etwas erlebte. Der unkontrollierte Zuwachs solcher Koranschulen war eigentlich ein Versäumnis des staatlichen Organs. Es vernachlässigte nicht nur die Versorgung der Kinder, sondern war auch nicht in der Lage, diese Kinder ordentlich in Grundschulen zu schicken. Stattdessen hatte man Kinder in die *Medressen* gesteckt, um diese Kinder alphabetisieren zu lassen. Diese Koranschulen hatten aber ganz anderes vor, nämlich diese Kinder an die Kriegsfront zu schicken.

Die *Medressen* waren im ganzen Land ins Leben gerufen worden, um Kinder zu rekrutieren. Diese Schüler hatten nicht nur die Rezitation des Korans als Unterrichtsfach, sondern ihnen wurden auch die Grundlagen der Mathematik gelehrt. Zudem wurden auch ausgewählte Schüler weiter zu Trainingscamps geschickt, wo sie auch im Umgang mit Waffen und Munitionen aus- und weitergebildet wurden. Es waren Schüler, die dann später auch als Lehrer in neu gegründeten *Medressen* eingesetzt wurden – oder sie gingen in die Politik. Sie waren unterwegs, um neue Schüler für diese *Medressen* zu rekrutieren. Das Geschäft der *Medressen* boomte, und die Verbreitung der Religion in der Gesellschaft hatte Hochkonjunktur. Im Zusammenhang mit dem Krieg in Afghanistan ist man einen Schritt weitergegangen und überlegte, wie Pakistan die offenen Rechnungen mit seinem Erzfeind Indien begleichen könnte. Und so war nicht nur Afghanistan, sondern auch Kaschmir Schauplatz von Krieg und Mord.

Die Leidtragenden waren die Kinder. Aber die kriegerische Auseinandersetzung hatte noch weitere Folgen.

Imran und seine Familie wohnten nicht weit von der Hauptmoschee der New Town. Die Moschee hat eine große *Medresse*. Diese *Medresse* war aber richtig nach dem Vorbild der alten *Medressen* in Bagdad oder Samarkand gebaut.

Das Lesenlernen des Korans auf Arabisch bis hin zur Ausbildung von Muftis oder Theologen waren die eigentlichen Ziele dieser *Medresse*. So waren hier einfache Koranlehrer, aber auch ranghohe Gelehrte beschäftigt. Es kamen zahlreiche Studenten aus dem Landesinneren, aber auch aus dem Ausland, um hier zu studieren.

Dieser Stadtteil war ein Wirtschaftszentrum. Es hatten sich hier viele Geschäfte niedergelassen. Viele Reiche der Stadt wohnten hier und auch in der Umgebung. Sie spendeten großzügig für die Moschee. Zahlreiche Geschäftsleute waren interessiert an der Erhaltung und dem Weiterausbau der Moschee und der Koranschule. Es war hier auch ein Studentenheim angegliedert. Da wohnten insbesondere Studenten aus dem Ausland. Anlässlich der islamischen Feiertage kamen sehr viele Spenden.

Das Opferfest brachte auch sehr viel Geld in Form von Tierhäuten von geschlachteten Tieren. Es wurden auch viele Tiere nach dem Opferfest als Gabe an die Moschee abgegeben, damit auch die Studenten die besonderen Mahlzeiten des Opferfests genießen konnten.

Vor den Siebzigerjahren war die Welt für Pakistan noch in Ordnung. Trotz der sehr unordentlichen politischen Lage war sehr vieles in Ordnung. Die Spaltung des Landes war wie ein Herzschlag und zermürbte nach und nach das ganze Land.

Es gab in dieser Zeit auch eine große Ölkrise. Diese Krise brachte große wirtschaftliche Probleme mit sich. Pakistan geriet damit auch in eine Schuldenkrise. Das Land konnte seine Schulden nicht mehr zurückzahlen. Es gab dennoch eine Chance für Pakistan. Die arabischen Öl exportierenden Länder suchten nach qualifizierten Arbeitern, und Pakistan hatte solches Personal. So schickten Pakistan wie auch viele andere Länder ihre Fachkräfte nach Saudi-Arabien, in die Arabischen Emirate oder nach Kuwait. Diese Arbeiter schickten Geld an ihre Familien in ihre Heimat – somit kamen auch viele Divisen nach Pakistan.

Es wurde ein Versuch vom damaligem Premierminister unternommen, das Land erneut auf Kurs zu bringen. Das war ein letzter Versuch, der jedoch scheiterte. Es war ein Dilemma, in dem selbst der Ministerpräsident nach einem Militärputsch abgesetzt und später erhängt wurde. Der Premierminister war ein intelligenter Mensch und versuchte viele Reformen im Land durchzuführen.

Er war der Erste, der ein funktionierendes Ministerium für die Angelegenheiten der Religionsgemeinschaft geschaffen hatte. Alle Moscheen wurden unter die Aufsicht des neu geschaffenen Ministeriums gestellt, und schlagartig wurden die gesamten Einnahmen der Moscheen und Heiligenschreine, die durch Spenden gewonnen wurden, vom Staat kontrolliert und umverteilt. Auch die Posten der zahlreichen Imams und Lehrer der Koranschulen wurden dazu verpflichtet, staatliche Anerkennung und Aufsicht zu akzeptieren.

Das war ein großer Schritt, um die Religion unter staatliche Kontrolle zu bringen. Solche Reformversuche unternahm Pakistan, um als moderner Staat in der Welt Anerkennung zu finden. Aber die Reformideen des Ministerpräsidents waren im ganzen Land ein Dorn im Auge der Mullahs und der Großgrundbesitzer, und sie ließen diese Reformen scheitern.

Durch Hilfe der Militärmacht wurde er abgesetzt und später durch ein sehr fragwürdiges Gerichtsurteil zum Tod verurteilt und erhängt. Die Zeit danach war alles andere als eine Bewegung in Richtung Hoffnung für Pakistan.

Imran hatte bei der dreitägigen Veranstaltung Sabir getroffen. Sabir stammte auch aus Karachi und war ein weitläufiger Verwandter von Imran. Die Schwester von Ahmad, eine Cousine von Imran, war mit dem älteren Bruder von Sabir verheiratet. Auch dessen Familie war nicht besonderes religiös.

Aber er selbst war irgendwie in die Hände der *Tablighi Jamat,* Missionaren der Religion, geraten. Anders als Imran war er stark und groß und auch sehr selbstsicher. Er lernte schnell, dass er untergehen wird, wenn er nicht rebelliert. Er überwand ganz schnell die anfänglichen Schwierigkeiten und ließ sich selbst gar nicht ausnutzen. Er war selbst sehr aktiv und ergatterte eine untere Stelle in dieser Bewegung.

Er hatte auch andere Jungs angeworben und leitete sogar eine kleine Gruppe aus seinem Stadtteil. Dem Lehrer von Imran passte dieses zufällige Treffen der beiden gar nicht. Die Schwierigkeiten, die Imran hatte, waren Sabir auch bewusst. Er versuchte Imran immer wieder während der Veranstaltung zu treffen und zum Schluss riet er ihm, seiner Gruppe beizutreten. Imran war natürlich nicht sofort damit einverstanden.

Aber er machte sich schon Gedanken darüber. So wäre er nicht ganz aus dieser Bewegung raus und hätte auch ein bisschen mehr Spielraum. Der Lehrer hatte mit ihm auch andere Kinder aus Karachi mitgebracht, und seine Neigung galt in erster Linie diesen Kindern. Imran war auch etwas enttäuscht von diesen Verhaltem seines Lehrers. Er versprach sich selbst, dass er in Karachi nicht mehr mit seinem Lehrer zusammenbleiben würde.

Wieder angekommen in Karachi waren Imran und Sabir schon dicke Freunde geworden. Imran musste aber sehr viel Zeit mit seiner Mutter verbringen, damit sie gut versorgt war. Zusammen mit Sabir lernte er viele andere Jungen kennen. Sabir stellte Imran auch seinem Chef in Karachi vor. Seine Gruppe diente nicht nur der Religion in dem Sinne, religiöse Veranstaltungen zu besuchen, sondern sie waren mit vielen anderen Dingen beschäftigt. Sabirs Chef besaß eine *Medresse* und ein dazugehöriges Internat. Im Internat lebten die Koranschüler. Das alles musste auch eine Finanzquelle haben. Der Macher hatte aber, wie auch viele andere, diese Quelle gefunden.

Die Freundschaft zwischen Sabir und Imran hatte für Imran so viel Erleichterung mit sich gebracht, dass sein Drogenkonsum viel weniger geworden war. Auch fühlte er sich wohler, nachdem er sich von seinem Lehrer losgesagt hatte. Es wirkte viel positiver auf seinen Körper und seine Seele.

Er hatte auch die Koranschule gewechselt und hatte auch die neue Koranschule nicht so intensiv besucht. Vielmehr bekam er neue Aufgaben, und es gab ganz neue Chancen für ihm.

Diese Koranschule war nicht sehr alt und die Arbeitsmethoden waren auch ganz anders. Diese neu geschaffenen Koranschulen hatten mit den klassischen Koranschulen nichts zu tun. Diese profitorientieren Koranschulen waren reine Geschäfte, die alles daransetzten, Geld zu verdienen. Und zwar nicht nur normale Gelder zu verdienen, sondern richtig viel Geld zu machen.

Nach außen hin war sie eine normale Koranschule, wo die Kinder aus dem Armenviertel neben dem Koranunterricht auch andere Fächer hatten. In Wirklichkeit war sie, wie viele andere, eine Brutstätte des Terrors.

Eines Tages rief Sabir Imran an. Er wollte, dass Imran zu ihm kommt. Imran konnte nicht Nein sagen und fuhr los.

Als Imran zu ihm kam, fragte Sabir: „Sag mal, Imran, kennst du jemanden bei der Behörde, die den Nationalausweis erstellt?"

Imran hatte Sabir zuvor erzählt, dass er ein paar Monate bei dieser Behörde gearbeitet hatte.

Er hatte aber abrupt diesen Job geschmissen und wollte deswegen zu diesem Büro nicht noch mal hingehen. Es war ihm doch peinlich.

Er antwortete: „Ich weiß nicht, ob dort immer noch dieselben Personen arbeiten, die damals dort arbeiteten, als ich dort beschäftigt war. Warum fragst du denn?"

Sabir entgegnete: „Ich muss dort für jemand einen Antrag stellen und seinen Ausweis machen lassen." „Einen Ausweis, für wen denn?", fragte Imran neugierig.

„Der Chef möchte, dass ich einen Ausweis für eine Person aus Afghanistan ausstellen lasse", sagte Sabir.

„Oh! Für einen Ausländer! Einen Ausweis für eine Person, die einen Anspruch darauf hat, zu erstellen, ist schon nicht einfach, geschweige denn für einen solchen, der nicht einmal Pakistaner ist, das wird nicht klappen", redete Imran langsam.

„Wenn der Chef das sagt, dann wird es auch so geschehen. Wenn ich das nicht schaffe, wird diese Aufgabe jemand anderes erledigen, das möchte ich nicht", sagte Sabir. Er redete weiter: „Ich würde vorschlagen, wir gehen dorthin, du versuchst, deine Bekanntschaften auszunutzen, und wenn das nicht klappt, werde ich mir was einfallen lassen." Dann murmelte er: „Notfalls werde ich Schmiergeld zahlen."

Tatsächlich sind die beiden zu der Behörde gegangen, und durch Geld und Beziehungen konnten sie innerhalb von sechs Stunden einen Ausweis für die Person, die gar kein pakistanischer Staatsbürger war, bekommen.

Die Person, die Imran in dieser Behörde kannte, war ein guter Freund von seinen Vater, er war Chef der Abteilung und hatte deswegen damals auch einen Job für Imran besorgt. Da aber Imran dort nicht arbeiten wollte, hatte der Chef seinen Neffen an dieser Stelle eingesetzt. Er schickte Imran und Sabir zu seinem Neffen, dieser verlangte sechstausend Rupien und händigte einen echten, von den richtigen Behörden ausgestellten Ausweis, aus.

Ahmad hielt den Kontakt mit seinen Freunden in Pakistan aus dem Ausland ständig aufrecht. Er wusste alle Neuigkeiten und war informiert, wer was macht. Sein Cousin aus Islamabad, Ahsan, erzählte ihm das Allerneueste, was sein Privatleben betraf:

Er war in ein Mädchen verliebt. Das ist eigentlich in dem Alter ganz normal. Aber es ist immer etwas Besonderes, wenn man zum ersten Mal verliebt ist. Außerdem war das Mädchen aus einer hoch konservativen Familie, was Ahmad sehr überraschend vorkam.

Ahsan schrieb auf WhatsApp an Ahmad: „Weißt du, ich habe nur losen Kontakt mit dem Mädchen. Sie möchte mit mir nicht chatten, nicht ausgehen. Unsere Liebe ist trotzdem sehr stark. Wir wollen bald heiraten."

Ahmad hatte ihm zurückgeschrieben, dass er sich mit der Heirat etwas Zeit lassen soll. Aber Ahsan war in seinem Liebeskoma total durchgedreht. Es ist auch in Pakistan nicht unüblich, dass junge Paare ganz schnell heiraten. In sehr vielen Familien ist es für das Mädchen sehr schwer, einen Jungen zu treffen. Das Mädchen war zu schlau, dachte Ahmad. Sie ließ sich von Ahsan verwöhnen, sie wollte ihn eigentlich nur ausnutzen.

Ahsan dachte ganz anders. Ahsan wollte sie heiraten. „Sag mal Ahsan, weißt du eigentlich, wie sie heißt, oder will sie dir auch das nicht verraten?", schrieb Ahmad ihm an. Er wollte Ahsan ein bisschen provozieren.

„Du nimmst mich nicht ernst!", schrieb Ahsan zurück. „Ich bin ziemlich sicher, dass wir heiraten wollen. Sie heißt Zainab." Ahmad hatte die Nase voll von dem ganzen Hin- und Herschreiben. Er griff zum Telefon und rief Ahsan an.

„Sag mal, was soll dieser Quatsch?", fragte er am Telefon. „Wie kannst du ein Mädchen heiraten, das du noch nicht mal richtig gesehen hast?" fragte Ahmad weiter.

„Ruhe bitte! Erst einmal guten Tag", antwortete Ahsan. Und dann redete er weiter: „Du weißt doch, wie es bei uns ist. Ich wollte mit ihr zusammen essen gehen, sie nahm mich aber mit zu sich nach Hause und hat mich ihrem Vater vorgestellt. Der Vater sah ganz nett aus. Er hat zu mir gesagt, dass wir als Muslime uns nicht alleine draußen treffen dürfen, ohne zu verheiratet zu sein. Und wenn wir uns so sehr lieben, dann müssen wir sobald wie möglich heiraten", erzählte Ahsan alles in einem Zug, ohne ein Pause einzulegen, und Ahmad hatte alles mit sehr viel Geduld angehört. Zum Schluss sagte er: „Allah soll dich schützen."

Zainab war am Hafsa College. Das College wurde berühmt, weil seine Studentinnen seltsame Aktionen unternahmen. Sie waren in letzter Zeit immer wieder in die Schlagzeilen der Presse geraten wegen ihrer Aktionen gegen die moderaten Muslime.

Sie fühlten sich als Wächterinnen der Sitten des Islams. Vor ein paar Monaten stürmten die Studentinnen in einer Nacht- und Nebelaktion einen Schönheitssalon, einen *Beauty Polar,* in Islamabad und zerstörten den Laden vollständig. Sie waren der Meinung, dass solche Schönheitssalons keinen Platz in einer islamischen Stadt hätten.

Neben dem College befand sich auch eine Koranschule mit einer Moschee. Diese Moschee war nicht irgendeine Moschee, sondern die bekannteste: die *Lal Moschee,* also die rote Moschee. Über die rote Moschee und deren Imam wurde auch in der Presse berichtet, und sie hatten für die Schlagzeilen gesorgt. Denn der Initiator der Agitation der Frauen des Hafsa College war eigentlich dieser Imam.

In der Hauptstadt konnte der Ex-General und gegenwärtige Präsident in dieser Nacht nicht ruhig schlafen. Er hatte nicht verstanden, wie ein Richter diesen Mullah damals freilassen konnte. Und wie er in einer Nacht- und Nebelaktion die Hauptstadt durcheinander bringen konnte. Diese Person hatte in einer Nacht für so viel Unruhe in der Stadt gesorgt, dass man ihn für immer aus dem Land hätte verbannen sollen, dachte der Präsident.

Am nächsten Morgen war der Ex-General ungewöhnlich früh in seinem Büro. Die ganze Mannschaft hat nur gemunkelt, dass es bestimmt etwas ganz Besonderes sein muss, weswegen der General schon so früh, um acht Uhr, in sein Büro gekommen war. Er bestellte seinen Adjutanten und fragte: „Wer ist dieser Richter, der so viel Mut besitzt und sich in die Angelegenheiten der Armee einmischt?"

„Sir, es ist nicht so schlimm, der Staatsanwalt hat bei der nächsten Instanz erneut einen Haftbefehl beantragt, ich denke, er wird nicht so frei herumlaufen können", antwortete der Adjutant.

Der ehemalige General sagte zwar nichts, aber die Falten auf seiner Stirn verrieten vieles. Er dachte dabei, dass ohne die Zustimmung des gegnerischen Lagers innerhalb des Militärs keiner so etwas veranstalten kann. Er machte sich Sorgen, da er nicht mehr in der Armee war. Seitdem er die Uniform abgelegt hatte und als ziviler Präsident die Macht übernommen hatte, schien alles schiefzugehen. Schon zu seiner Amtszeit als Generalstab der Armee wusste er, dass die Streitkraft selbst von innen sehr gespalten ist. Die radikalen Gruppen hatten sich in der Streitkraft verwurzelt, und er war nicht mehr so richtig Herr der Streitmacht. Er hatte eigentlich für einen stärkeren Nachfolger gesorgt und scheinbar war alles im Griff – aber nur scheinbar. Die Wirklichkeit wusste niemand so richtig einzuschätzen.

Das Land war sehr zerstritten. Die Meinungen gingen sehr weit auseinander und ein solches Land zu regieren war auch nicht so einfach. Das Land hatte eben sehr viele Probleme: Armut, Analphabetismus und anderes. Aber immer wieder wurde das Volk von den eigentlichen Problemen abgelenkt – durch die Grenzkonflikte mit dem Nachbarland.

Man hat den Menschen zu erklären versucht, dass alle diese Probleme von anderen geschaffen wurden. Den fest verankerten Glauben hatten sie als Mittel des Trosts gestiftet, um damit zu sichern, dass das Volk nie einen Aufstand leisten würde.

Ein paar Tage später saßen die beiden, der Präsident und sein Adjutant, wieder zusammen. Es waren auch einige andere Personen anwesend.

„Was ist los?", fragte der Präsident. „Wir tun unser Bestes, Sir", antwortete der Adjutant.

„Nur das Beste? Sind Sie gekommen, um mir nur das zu erzählen?" Der Ex-General und Präsident fragte das mit einem Lächeln auf den Lippen.

„Herr Präsident", sprach der Adjutant weiter, „der Oberstaatsanwalt ist hier anwesend, er kann uns besser erklären, was Sache ist."

„Aha, ... nur zu", redete der Präsident weiter. Dann sah er nach einem Mann, der ganz am anderen Tischende saß, und gab ihm durch Heben seines Zeigefingers das Wort: „Ja, bitte!"

Der Mann erhob sich von seinem Platz und fing an zu reden: „ Dieser Mann ist kein Verbrecher, er hat keine Vorstrafen oder Ähnliches. Aber ...", dann schluckte er seine Spucke und begann erneut: „Er kennt den obersten Strafrichter persönlich. Und der Richter ist der Meinung, dass die Polizei nicht korrekt gehandelt hatte, sie hatte keine Genehmigungen, das College zu durchsuchen.

Also bleibt der Mann auf freiem Fuß. Allerdings habe ich mit ihm persönlich gesprochen, und er hat versprochen, in Zukunft aufzupassen und nicht mehr derartige Aktionen auszurufen." Der Staatsanwalt beendete seine Erklärung und blieb ruhig.

Niemand sprach überhaupt. Einige Minuten vergingen so, als ob niemand, selbst der Präsident, gar nicht dort anwesend sei. Alles, was da gesprochen wurde, wollte der Präsident gar nicht hören. Aber das war die bittere Realität, der Mann hatte zu viel Einfluss, so viel, dass die Worte des Präsidenten auch keine Wirkung hatten. Eigentlich war nicht dieser Mann selbst derjenige, der dem Präsidenten Sorgen bereitete, sondern der oberste Richter. Er hatte dem Ex-Militär, als die gewählte Regierung stürzte, als oberster Richter seinen Segen gegeben, und der General konnte seine Macht nur durch seinen Segen, also durch richterliche Anordnung, verfestigen, aber seitdem der General seine Uniform abgelegt hatte und als Zivilpräsident antrat, war der oberste Richter sein Gegner geworden.

Der Präsident hatte jetzt auch nicht allzu viele Anhänger in der Streitmacht, im Gegenteil erhielt der Richter die Zustimmung der Streitmacht zu seinen Vorhaben. Er ließ zu viele terrorverdächtige Mullahs frei. Was eigentlich den moderateren Kurs des Präsidenten schwächte. So hatten auch im Militär seine moderateren Kurse keine mehrheitliche Zustimmung.

Der Präsidenten lud den obersten Richter ein, um ein Gespräch mit ihm zu führen, doch dieser lehnte die Einladung ab. Er schickte einen Brief an den Präsidenten, in dem schrieb er: „Lieber Herr Präsident, ich wünsche keine Einmischung in meine Arbeitsangelegenheit. Ich bin bereit, mein Amt niederzulegen, aber bin ich nicht mehr bereit, die Gerechtigkeit aus der Hand zu geben. Ich habe meinen untergeordneten Richtern empfohlen, dass sie sich nicht einschüchtern lassen."

Der Präsident hatte schon verstanden, dass die Zeiten sich geändert haben. Vor elf Jahren, als er die Macht an sich gerissen hatte, hatte er viele Freunde, aber nun hatten alle ihm den

Rücken gekehrt. Er hatte Wahlen angekündigt, und bald sollte ein neues Parlament gewählt werden.

Er wollte lediglich als Präsident in der neuen gewählten Regierung bleiben. Als Geste des guten Willens hatte er durch eine Verordnung eine Amnestie für alle Politiker erlassen, und dadurch konnten auch im Exil befindliche Politiker heimkehren und an den Wahlen teilnehmen.

Die Sache war aber nicht so einfach. Er hatte gedacht, dass alles wieder gut wird. Einige Politiker hatten ihm aber nicht verziehen. Die warteten nur darauf, dass die Uhr nach ihrem Wunsch schlagen wird.

Ahsan war mit der Vorbereitung seiner Hochzeit schon weit gekommen. Er hatte auch seine Eltern nicht wissen lassen, dass er trotz deren Ablehnung bald nach seinem eigenen Wunsch heiraten würde. Eine Hochzeit in Pakistan gilt als keine richtige Hochzeit, wenn sich nicht alle Elternteile der Heiratswilligen bei der Eheschließung beteiligen. Aber Ahsan konnte seine Eltern nicht überreden, seiner Hochzeit zuzustimmen. Sie hatten große Bedenken und meinten, dass Zainab nicht die richtige Braut für Ahsan sei. Ahsan war anderer Meinung. Ahsan wollte dann sozusagen gegebenenfalls allein vorgehen.

Auf eine große Hochzeitsfeier wurde verzichtet. Zainab und die Familie der Braut waren der Meinung, dass ein großes Hochzeitsfest mit der Sitte des Islam nicht zu vereinbaren ist. Die Hochzeit sollte in einem kleinen Familienkreis stattfinden. Am Tag der Eheschließung ging Ahsan zu der Familie der Braut. Dort waren auch etwa zwanzig Leute anwesend. Ein Standesbeamter, der ein großes Register in der Hand trug, kam. Es dauerte eine Weile, bis die Zeremonie beginnen konnte. Es herrschte ein Hin und Her. Dann saßen alle endlich ruhig und hörten dem Mullah zu. Er sprach etwas laut auf Arabisch. Es waren ein paar Verse aus dem Koran. Dann fragte er Ahsan, ob er mit der Eheschließung mit Zainab einverstanden sei. Der Mullah fragte dann zwei Zeugen, die zuvor bei Zainab in einem Innenraum des Hauses gewesen waren, ob sie bezeugen könnten, dass die Frau ihre Zustimmung erteilt hat. Die beiden Zeugen bejahten die Frage des Mullahs. Außerdem legte einer der Männer dem Mullah ein Formular vor, wo die Braut auch unterschrieben hatte, dass sie mit der Eheschließung einverstanden ist. Dieses Formular unterschrieben auch der Bräutigam, die Zeugen und der Mullah selbst. Und das war alles. Die Eheschließung war vollendet, und die Süßigkeiten wurden verteilt. Später wurden die Gäste zum Essen eingeladen.

Normalerweise geht die Braut am Ende solcher Zeremonien mit dem Bräutigam zu seinem Haus, aber Ahsan hatte ja keine normale Hochzeit gefeiert. Er ist bei der Familie der Braut geblieben, und erst, nachdem alle Gäste weggegangen waren, konnte er zu seiner Frau.

Er ist ein paar Tage mit seiner Frau dortgeblieben. Seine Frau hatte schon vorher mithilfe ihres Vaters eine Hochzeitsreise, nach Norden, gebucht. Die Frischverheirateten verreisen bald nach Peshawar und wollten von dort weiter nach Norden ziehen. Die beiden waren sehr glücklich. Ein paar Tage verbrachte das frisch vermählte Paar in Peshawar.

Der Aufenthalt war bei einer Verwandten von Zainab. Sie wurden vom Hauptbahnhof abgeholt. Ahsan genoss das Ganze, er musste nichts tun, Zainab hatte sich um alles gekümmert.

Ahsan dachte, Ahmad ist ein verrückter Kerl. Meine Frau ist doch eine wunderbare Frau. Sie ist auch sehr intelligent, gut ausgebildet, und wenn sie etwas religiöser ist, was ist daran so schlimm – sind wir nicht alle etwas religiöse Menschen? Das Paar zog weiter.

In Islamabad waren aber die Eltern von Ahsan sehr besorgt. Sie hatten bei all seinen Freunden nachgefragt, und als sie nichts über Ahsan erfuhren, schalteten sie die Polizei ein. Sie erstatteten eine Vermisstenanzeige.

Die Polizei hatte zwar die Anzeige förmlich aufgenommen, gab aber den Eltern den Trost, dass ihr Sohn möglicherweise bald von allein auftauchen würde. Schließlich war die Polizei der Meinung, dass der junge Mann, ohne Einverständnis der Eltern, sich irgendwohin auf eine abenteuerliche Reise begeben habe. Für die Polizei war es ja keine einmalige Sache.

Den Eltern war es nicht genug. Sie waren sehr unruhig und durcheinander. Sie hatten keine Ahnung, dass der junge Mann geheiratet hatte und auf Hochzeitreise war. Außer Ahmad, seinem Cousin im Ausland, wusste niemand, dass Ahsan so etwas vorhat, und sich plötzlich entschlossen hatte, es auch wirklich zu machen.

Allerdings hatte Ahsan auch Ahmad nicht verraten, dass er es seinen Eltern verschweigen würde und, ohne jemandem etwas davon zu erzählen, seinen Weg allein bzw. mit der Familie der Frau, gehen würde. Es war eine sehr seltsame und eigenartige Situation, niemand wusste, wo Ahsan geblieben war. Es wurde hier und da gemunkelt und gerätselt, wo Ahsan geblieben sein könnte. Im dem Zeitalter, wo viele junge Menschen ins Ausland, auf Pilgerfahrt oder auch zum Zwecke der Heiligenkriege von zu Hause fortgingen, gab es den Verdacht, dass Ahsan sich auch einer solchen Gruppe angeschlossen hat. Seine Eltern waren aber fest davon überzeugt, dass Ahsan sich nie solchen Gruppen anschließen würde.

Aber die Verwandten und Nachbarn waren anderer Meinung. Für die Eltern war es nicht einfach, solche Meinungen zu hören. Es war schlimm genug, dass ihr Sohn einfach verschwunden war, und nun auch noch diese Sprüche und das Gerede über den Verschwundenen, ohne zu wissen was mit ihm wirklich passiert war.

Die Eltern hatten ihre Suche fortgesetzt und über sein College und seinen erweiterten Freundeskreis versuchten sie, etwas über Ahsan zu erfahren. Alles schien im Sande zu verlaufen. Nach langer Suche haben sie aber erfahren, dass Ahsan mit einem Mädchen aus dem Hafsa College Kontakt hatte. Nun wollten sie zunächst herausfinden, wer dieses Mädchen war und wo sie wohnte.

In Karachi waren Imran und Sabir weiterhin dicke Freunde und haben zusammen abenteuerliche Sachen unternommen. Zusammen mit anderen Jungs gingen sie auf Touren innerhalb und auch außerhalb der Stadt, besuchten Geschäfte und baten die Leute um Spenden für ihre Organisation, *Al-Aqsa*, eine Wohltätigkeitsorganisation, die mehrere Koranschulen in der Stadt Karachi betrieb.

Die Kinder aus armen Familien wurden in den Internaten der Organisation beherbergt und in den Koranschulen wurde religiöser Unterricht erteilt. Die beiden Jungs hatten viele farbige gedruckte Broschüren, in denen stand, welche Wohltätigkeiten diese Organisation anbietet.

Ihr Chef besaß außerdem mehre Schlachtläden in den großen Einkaufsmeilen, und diese Läden dienten den Menschen, die nach ihren religiösen Überzeugungen zu verschiedenen Anlässen ein Tier schlachten wollten. Nach muslimischem Glauben werden die Tiere nicht nur anlässlich des Opferfests geschlachtet, sondern auch bei anderen Zeremonien, zum Beispiel bei der Namensgebung, bei Bescheidungsfeste und so weiter.

Außerdem wird als *Sadaqa*, wenn jemand krank wird oder nach einer Krankheit wieder gesund wird, auch ein Tier geopfert. Im Namen Allahs werden diese Tiere geopfert. Die Menschen können nicht wie früher zu jedem Anlass diese Tiere selbst kaufen, nach Hause bringen und vor Ort schlachten. Also geben sie dies in solchen Läden in Auftrag. Diese Läden erledigen das Schlachten. Diese Läden kaufen Tiere und bringen sie in die Stadt. Diejenigen, die die Bedürfnis haben, aus irgendeinem Grund ein Tier zu schlachten, kommen in diese Läden, suchen sich aus dem Glaskasten ein Tier aus und deuten mit dem Zeigefinger darauf.

Diese Leute zahlen das Geld für ein Tier und meistens fahren sie wieder nach Hause, weil sie keine Zeit haben, um dort zu warten und um zu sehen, ob das Tier tatsächlich geschlachtet wird. Mansche warten und schauen aus dem Glaskasten zu, wie das Tier geschlachtet wird. Viele wollen nicht und können auch gar nicht das Fleisch von diesen geschlachteten Tieren mit nach Hause mitnehmen.

Diese Menschen sind nicht unbedingt sehr wohlhabend, aber wegen ihrer religiösen Überzeugung, meisten getrieben durch die Aussage eines Mullahs, fühlen sie sich gedrängt dazu, diese Rituale zu machen. Das Fleisch der geschlachteten Tiere wird meistens gar nicht mitgenommen. Ab und zu, wenn jemand das Fleisch zum Verzehren mit nach Hause nimmt, dann nur, um ein paar Gäste zu verköstigen, die er wiederum aus dem gleichen

Anlass zu sich nach Hause eingeladen hat. Auch dann bleiben die Tierhäute bei den Besitzern solcher Läden. Diese Häute werden auch verkauft und bringen gutes Geld. Wenn das Fleisch nicht von dem Käufer mitgenommen wird, dann werden die Internatskinder dieses Fleisch verzehren.

Die Einnahmen aus solchen Läden sind enorm. Überhaupt sind die Geschäfte in der Kombination aus der Koranschule, Wohltätigkeitsarbeiten und dem Betreiben solcher Mini-Schlachthäuser sehr lukrativ. Es besteht große Konkurrenz und es herrscht auch Wettbewerb, was oft nicht sehr fair, sondern unter sehr grausamen Bedingungen abläuft.

Als das Land 1947 unabhängig wurde, gab es nur 300 Koranschulen im ganzen Land, im Jahr 1988 stieg die Zahl der Koranschulen auf 2.800, und das ging weiter so. Im Jahr 2002 waren es 9.880 Koranschulen im ganzen Land. In kürzester Zeit vermehrten sich die Koranschulen so rasant, dass die Zahl im Jahr 2005 auf 35.000 gestiegen war. Tendenz steigend.

Sabir brachte Imran zu einem solchen Laden, wo die beiden zusammen als Aushilfskräfte arbeiten sollten. Imran hatte schon immer sehr viel Spaß am Umgang mit Tieren. Die Tiere sollten zunächst behütet und versorgt werden, Imran arbeitete dort und machte das gern. Er erledigte natürlich auch andere Arbeit im Laden. Er fand es schade, dass letztendlich diese Tiere geschlachtet wurden, aber er hatte dennoch sehr viele Tiere, die er versorgen sollte. Als in seinem Familien- und Freundeskreis bekannt wurde, dass Imran dort arbeitet, kamen sehr viele Leute aus seiner Verwandtschaft. So vermittelte er viele Kunden. Solche Vermittlungen waren profitabel, denn es gab auch Vermittlungs-honorare.

Es war in der Stadt etwas los. Anlässlich des Besuchs einer ranghohen Politikerin war die Stadt überfüllt. Sabir und Imran wurden mit ein paar anderen zusammen beim Chef einbestellt.

Alle kamen zum Bürogebäude des Chefs. In einem Zimmer, so wie ein Konferenzraum, versammelten sich alle. Der Raum war voll, alle saßen und warteten darauf, dass endlich der Chef kommt. Dann trat aus der Hintertür ein alter Mann, und alle standen auf. Sabir stieß Imran mit seinem Ellenbogen an, dass er aufstehen soll, der erstaunt und mit großer Verwunderung den Mann anstarrte. Der Mann war so etwa sechzig Jahre alt. Aber er schien viel älter zu sein. Er trug einen ganz weißen Turban und hatte einen langen Bart, der bis zu seinem Bauch hing, und seine Augen funkelten wie zwei Leuchtkugeln. Er nickte mit dem Kopf, sodass alle wieder Platz nehmen durften, als ob es sich hier um einen Gerichtssaal handeln würde. Ohne Begrüßung fing er an zu reden. Seine Stimme war rau, und er redete in klarem Ton:

„Liebe Leute, heute werdet ihr zeigen, wie fleißig ihr seid. Es wird jedem seine Aufgabe, oder mehrere Aufgaben, betonte er, erteilt. Versucht, euer Bestes zu geben. Einen Fehler darf man machen, aber nicht zwei. Ihr kennt die Regeln und wisst auch, dass man sehr diszipliniert sein muss. Wenn ihr im Einsatz seid, lasst euren Kummer, eure Neigung oder sonstige Gefühle hinter euch. Ihr seid nur Diener des Gottes." Der bärtige Mann setzte seine Rede fort: „Sabir, Kaleem und Amir", er schaute in die Menge, machte eine kurze Redepause, und alle drei senkten ihre Köpfe, sodass jeder sehen konnte, wen den Chef meinte, und dann sprach er weiter: „Alle drei werden euch eure Aufgaben zuteilen. Sie sind verantwortlich für die ganze Aktion, also muss jeder genau deren Anweisungen befolgen. Redet und diskutiert, solange ihr euch nicht im Klarem seid. Hör gut zu. Nicht euer Erfolg oder Misserfolg wird gezählt, sondern eure Bemühungen." Plötzlich stand er auf und verschwand wieder durch die Hintertür, durch die er reingekommen war.

Es vergingen einige Sekunden, es was ganz still. Und dann fingen alle wieder an zu reden. Imran fragte Sabir: „War das unser Chef?" – „Na klar, Mann", antwortete Sabir euphorisch und zog Imran mit einer Hand zur Seite und sagte weiter: „Wir gehen in den Nebenraum, wo wir mit einigen anderen zusammen unseren Teil der Aktion besprechen können. Du wirst mein Assistent sein."

Die ganze Menge verteilte sich auf drei Gruppen, als ob alle wüssten, wer zu welcher Gruppe gehört. Sabir, Kaleem und Amir leiteten ihre Gruppen und alle verschwanden in irgendeinen Raum.

Es war gegen zwanzig Uhr, die Politikerin konnte jeden Moment auf der großen Kundgebung auftreten. Es herrschte ein großes Durcheinander, es war laut, viele Menschen bewegten sich hin und her. Große Leuchttürme und Scheinwerfer hatten das ganze Stadion aufgehellt, aber sorgten auch für eine Blendung in den Augen. Mit vielen aufeinander gestellten Containern war eine Bühne gebastelt worden.

Imran stand auch dort in der großen Menschenmenge. Er telefonierte mit Ahmad, der gerade im Ausland war, und beobachtete mit großer Skepsis das ganze Spektakel auf dem Fernseher.

„Imran, mein Lieber, was ist los auf Numaish?" fragte Ahmad.

„Na was soll's, dieses Stadion von Numaish ist ja berühmt für Veranstaltungen aller Art. So will sie auch beweisen, dass sie immer noch eine große Anhängerschaft hat und dass sie keine Angst vor irgendeinem Überfall hat", antwortete Imran.

Ahmad überlegte einige Sekunden und sagte: „Sie ist aber mutig, aus der Presse habe ich erfahren, dass sie Morddrohungen erhalten hat. Und sogar viele andere Politiker haben solche Drohungen erhalten. Die ganze Wahlkampagne leidet, und keine politische Partei wagt es so richtig, öffentlich ihre Wahlprogramme zu verkünden." Er machte für einige Sekunden eine Pause, und dann sagte er leise: „Es ist aber Übermut."

Durch die Ansage über die Lautsprecher, die sich sowieso gegenseitig überschallten, konnte Imran gar nicht alles mitbekommen, was Ahmad sagte. Das Gespräch wurde auch wegen der ganzen Menschen, die dort herumstanden oder hin- und hergingen und dabei laut redeten, ziemlich unverständlich. Die Menschen gaben irgendwelche Parolen von sich und es war alles sehr laut. Trotzdem versuchten die beiden, sich halbwegs miteinander zu unterhalten.

„Oh ja, heute Abend wird was Großes passieren", murmelte Imran.

Ahmad fragte: „Wie bitte?" Imran antwortete gar nicht darauf.

Ahmad sagte weiter: „Ich sehe große Leuchttürme auf dem Fernseher. Das ganze Stadion samt der Bühne und Sitzreihen, so hell. Ich glaub das gar nicht. Es ist so, als ob es bei euch keinen

Strommangel gäbe. Es wird sonst geklagt, dass die Menschen zu Hause und in der Industrie keinen Strom hätten, aber für solch eine Veranstaltung ist die Nacht zum Tag gemacht worden."

„Ja, mein Lieber, genau das sind sie. Die Widersprüche, die unsere Gesellschaft spalten." Das Telefon knirschte, die beiden konnten sich kaum mehr gegenseitig verstehen. Bevor es aber ganz ausging, redete Ahmad noch einmal: „Die Containerwunder, was für ein Wunderwerk haben die Europäer für die Dritte Welt geschaffen."

„Was meinst du denn?", fragte Imran.

„Ich meine, die Europäer hätten wahrscheinlich nie gedacht, dass die Container, die sie mal erfunden hatten, um auf den großen Schiffen Ordnung zu schaffen und Transportgut besser transportieren zu können, irgendwann in der Dritten Welt so nützlich sein würden, dass Wahlveranstaltungen ohne solche Containertürme undenkbar sein würden."

Die beiden lachten laut, und die Telefonleitung war vollständig unterbrochen.

Imran erhielt erneut einen Anruf, aber dieses Mal von Sabir, er musste sofort losfahren. In der Eile fuhr er wie in einer Achterbahnfahrt. Sabir wartete auf ihn an der Ecke des Soldier Bazar. Kaum hatte Imran das Auto angehalten, da sprang Sabir hinein. Er war ganz aufgeregt und sprach auch ganz schnell: „Fahr schnell, wir müssen von den Jungs was abnehmen, und danach gehen sie entweder auf weiteren Einsatz oder sie sollen Feierabend machen." Imran war gut vorbereitet und fuhr sofort weiter. Sabir zeigte ihm den Weg durch die Gassen und schmalen Straßen. Teilweise war es so eng, dass das Auto an den Wänden der Häuser schleifte. Imran machte aber keinen Halt.

Die großen Straßen waren schon voll und verstopft, kein Mensch hätte weiterfahren können. Das Große, wovon Imran geredet hatte, war schon passiert. Die Politikerin hatte kaum ihre Rede gehalten, und schon wurde sie mit Kugelhageln von verschiedenen Seiten beschossen. Sie bekam mehrere Kugeln ab und sie war noch vor Ort tot. Und danach löste sich die Menschenmenge aus dem Stadion, und die Masse ging zu Fuß, fuhr auf Motorrädern und in Autos davon.

Jeder fuhr fluchtartig in irgendeine Richtung. Verkehrschaos war vorprogrammiert. Die großen Terroristen hatten ihre Aufgaben erledigt und auch sie waren schon lange weg. Niemand hatte sie gesehen und wusste auch nicht, in welche Richtung sie weggingen. Vielleicht wollten die Menschen es gar nicht wissen, wer die Terroristen waren.

Alle wollten nur ihre eigene Haut retten und flohen in Panik. Dabei bildete sich ein großes Chaos. Die kleinen Banditen warteten schon darauf, und die Menschen, die in Panik gerieten und hierhin und dahin flohen, wurden Opfer dieser Banditen. Es gab auch Menschen, die ihre Fassung ganz verloren hatten, spontan zündeten sie Autoreifen auf den Straßen an.

Sie zündeten auch Gebäude an. Es wurden Geldautomaten angezündet und großen Summen Bargeld wurden entwendet. Wenn diese Menschen keinen Zentimeter auf den Straßen weiterfahren konnten, gingen sie zu Fuß oder fuhren in die engen Gassen hinein – die Banditen warteten dort und gingen auf diese Menschen los.

Sie erbeuteten von diesen Menschen Bargeld, Goldschmuck von Frauen, und alles was sie besaßen. Die Banditen hatten sich gar nicht viel Mühe machen müssen. Irgendjemandem entrissen sie ein Motorrad, und damit fuhren sie zu anderen, drohten ihnen mit Waffen, raubten deren Guthaben und fuhren weiter.

Das Ganze dauerte an. Die Polizei und die Sicherheitsbeamten waren weit und breit nicht zu sehen. Die Beamten, die im Stadion postiert waren, mussten dortbleiben. Ein Teil von ihnen barg die Leiche der Politikerin und weitere tote Menschen und war damit beschäftigt, die Leichen und weiteren Verletzen ins Krankenhaus zu fahren.

Die Einsatzleiter gaben per Funk immer wieder die Lage im Stadion weiter und forderten weitere Sicherheitskräfte an, aber sie bekamen keine Antwort. Diese Kräfte hatten die Anweisung, ihren Platz nicht zu verlassen.

Die Schlacht auf den Straßen ging weiter. Imran fuhr hin und her, Sabir nahm die erbeuteten Bargelder entgegen. Er hielt erneut an, Sabir öffnete das Seitenfenster des Autos, ein Junge, gerade mal achtzehn Jahre alt, gab ihm einen Beutel, gleichzeitg, als Imran losfahren wollte, wurde die Hintertür des Autos auf der Fahrerseite geöffnet und eine junge Frau Mitte zwanzig stieg ein. „Ha ... Hallo", schrie Imran. „Was willst du, wer bist du?", fragte er weiter. Ungewollt ließ er das Auto aber rollen, vielleicht getrieben von der Angst, dass noch weitere ungebetene Gäste der Frau folgen und sich ins Auto reindrängen könnten. Sabir drehte sich nach hinten und sprach die Frau an: „Wer bist du, warum steigst du in unser Auto ein? Hast du keine Angst, dass wir dir etwas antun könnten?"

Die Frau war völlig aufgelöst. Bemerkenswert war, dass sie ein rotes, teures Brautkleid trug. „Hilf mir bitte, sie wollen mich ...", sie stotterte und weinte und ließ ihren Satz unvollständig.

Dann fing sie an, ihren Goldschmuck auszuziehen, und als sie dann damit fertig war, ihren letzten Fingerring aus Gold auszuziehen, sprach sie ihn kurz an: „Nimm ... bitte." Sie reichte ihm den ganzen Goldschmuck schob ihre ausgebereitete Hand zwischen die beiden vorderen Sitze, wo Imran und Sabir saßen.

Imran schaute zu Sabir. Sabir nahm den Schmuck und packte ihn in den Beutel, den er zuvor durch das Fenster von dem Jungen bekommen hatte.

Die beiden sprachen nicht, aber waren völlig überfordert. Sie wussten nicht so recht, was sie mit dem Mädchen machen sollen, vor allem, wer sie begleiten soll. Imran fuhr weiter und Sabir zeigte ihm weiterhin die Wege.

Es verging eine halbe Stunde im Auto, keiner sprach. Angekommen am Ziel hielt Imran das Auto an und Sabir drehte sich zur Tür, um auszusteigen. „Willst du auf mich warten?", fragte Sabir beim Aussteigen, und dabei stellte er seinen Fuß auf die Straße, noch war er halb im Auto drin.

Imran fragte: „Weißt du, wie lange du brauchst?" Währenddessen schaute er nach hinten, wo das Mädchen saß und immer noch ihre Nase zog. „Nein", antwortete Sabir, er hatte es verstanden, dass Imran mit dem Mädchen nicht so lange auf ihn warten könnte. Er sagte: „Am besten, du fährst nach Kharadar, unterwegs steigst du nach Möglichkeit in ein anderes Auto um, und wartest dann auf mich auf unserem Quartier. Unternimm nichts, bis ich dort eintreffe."

Imran befolgte die Anweisung von Sabir genau, wie er es ihm gesagt hatte. Irgendwo auf der Straße lag ein Auto, dessen Türen weit offen waren, es sah so aus, als ob jemand in Panik das Auto verlassen und dabei auch die Zündschüssel nicht mitgenommen hatte.

Imran parkte sein Auto neben diesem Auto, es war ganz dunkel in der Nacht, um die drei Uhr oder so. Niemand war dort zu sehen. Er schaute sich vorsichtig um und stieg aus seinem Auto aus. Er ging zu dem anderen Auto, und nachdem er alles abgecheckt hatte, kam er zu seinem Auto zurück und sagte zu dem Mädchen: „Wir müssen in ein anderes Auto umsteigen. Ich bin ziemlich lange mit diesem Auto hin- und hergefahren, und es könnte gefährlich sein, dieses Auto weiter zu benutzen. Wir werden mit einem anderen Auto zu unserem Quartier fahren, das ist eine Privatwohnung. Dort werden wir auf Sabir warten, bis er kommt und entscheidet, was geschehen soll. Wenn du abhauen möchtest, kannst du wegrennen." Das Mädchen sagte nichts, stieg aus und folgte Imran. Imran fuhr wieder durch die engen Gassen, und nach vielem Hin und Her war er endlich in der Wohnung.

In der Wohnung setzte sich Imran auf ein Sofa, und das Mädchen suchte eine Toilette. Imran zeigte ihr mit einem Finger, dass sich dort eine Toilette befindet. In der Wohnung in einer Ecke war auch eine Kochnische. Zum Erstaunen von Imran setzte das Mädchen Wasser zum Kochen auf den Herd, als ob sie jetzt Tee kochen wollte.

Dann verschwand sie im Badezimmer. Imran dachte, entweder ist dieses Mädchen verrückt oder sehr schlau und machte ihm was vor. Er konnte nicht verstehen, dass sie in dieser Situation ans Teekochen dachte, als ob nichts geschehen wäre. Das Mädchen war noch im Badezimmer, währenddessen Imran nickte vor Müdigkeit ein. Er schlief sogar tief. Sabir war nach einer Stunde immer noch nicht gekommen.

Als Imran wieder wach wurde, mussten schon drei, vier Stunden vergangen sein. Er war ganz nervös, wie konnte er so unachtsam sein und einschlafen, wo er auf ein fremdes Mädchen aufpassen sollte. Er schaute sich um, alles war normal, außer, dass das Mädchen sich umgezogen hatte, sie trug eine Jeans und ein Hemd. Sie hatte den Tee fertig gekocht und wartete wahrscheinich darauf, dass Imran aufstand und sie mit ihm einen Tee genießen konnte.

„Wo hast du diese Kleidung her, hattest du die etwa mit?", fragte Imran staunend.

„Lag doch im Badezimmer", antwortete das Mädchen ganz gelassen. Dann stand sie auf und holte aus der Ecke die Teekanne und zwei Tassen und fing an, den Tee in die Tassen einzugießen. Sie reichte Imran eine Tasse und sagte: „Trink etwas Tee, du bist müde, weißt du, dass du tief eingeschlafen warst?"

„Ah ja", sagte Imran, nahm den Tee, schlürfte einmal kurz und fragte das Mädchen: „Warum bist du nicht abgehauen, während ich schlief?"

„Du hast mich gar nicht festgehalten, ich bin doch freiwillig mit dir gekommen", sagte das Mädchen und setzte fort: „Ich werde jetzt nirgendwo sicherer sein als bei euch. Ich habe euch ja alles, was ich besaß, gegeben. Wenn es draußen etwas ruhiger wird, werde ich gehen."

„Und du denkst, wir werden dich gehen lassen, einfach so?", fragte Imran. Er war verwundert, dass das Mädchen so mutig war und alles so hinnahm.

„Was meinst du damit?", fragte das Mädchen Imran.

„Willst du etwa noch mehr von mir haben? Ich hab doch bereits alles gegeben." Sie schaute Imran ganz tief in die Augen und kam ganz nah zu ihm.

Imran zuckte etwas und zog sich zurück. Und sagte: „Sabir ist aber nicht so. Bevor er hier eintrifft, solltest du lieber weg von hier."

„Wenn ich jetzt nach draußen gehe, oder wenn ich mit meinem Brautkleid unterwegs gewesen wäre, wäre ich vielleicht schon tot. Ich würde vielleicht von denen, die da draußen lauern, vergewaltigt und zerfetzt, oder?", fragte sie Imran.

„Bei euch bin ich doch insofern sicher, und wenn einer von euch mit mir schlafen möchte, können wir uns darüber uns einigen, aber als ich schon hörte, dass dein Freund dir die Instruktion gab, dass du nichts unternehmen sollst, bis er zurückkommt, merkte ich, dass du harmlos bist, also habe ich keine Angst von dir. Außerdem wusste ich schon, dass dein Freund nicht so schnell wieder zurückkommen kann, da draußen ist doch die Hölle los. So viele Straßen sind versperrt, lauter Brände überall. Draußen hat man hat keine Chancen."

Imran dachte, entweder ist das Mädchen was Besonderes, oder sie ist ganz schön klug. Auf jeden Fall ist sie sehr mutig. Er überlegte, ob er und Sabir nicht einen Fehler gemacht hatten, sie im Auto mitgenommen zu haben und auch in diese Wohnung, und ihr somit ihr Versteck zeigten. Sie könnte später etwas über all ihre Aktivitäten und auch dieses Versteck bei der Polizei verraten. Er machte sich Sorgen und dachte: *Wo ist nur Sabir geblieben?* Ihm kam der Gedanke, ob sie nicht etwa eine getarnte Polizistin ist. Das Mädchen merkte, dass Imran nun ganz schön durcheinander geworden war.

Sie lachte ganz laut und sagte: „Keine Angst, mein Freund, ich werde euch nicht irgendwo verpfeifen. Es wird in ein paar Stunden draußen etwas heller, dann gehe ich auch. Wenn bis dahin Sabir nicht kommt, hat er Pech gehabt. Du kannst ihm alles erzählen und sagen, dass du mich alleine nicht halten konntest, da ich auch Judo kann. Oder kannst du es etwa?", fragte sie Imran provozierend.

Sabir war tatsächlich irgendwo stecken geblieben und hatte noch Wichtigeres zu tun, als sich um das Mädchen zu kümmern. Er musste bei dem Chef bleiben, und natürlich hatte er dem Chef nicht erzählt, das er Imran damit beauftragt hatte, dass er auf ein Mädchen aufpassen soll. Sein Handy war aus.

Imran war zu müde, um sich auf alles zu konzentrieren, der Tee hatte auch seine Wirkung getan. Er schlief ganz tief ein.

Ahsan flog mit seiner Frau von Islamabad aus nach Peshawar, dort wurden sie von vier jungen Menschen abgeholt. Diese Männer, die seine Frau als ihre Cousins bezeichnete, kannte Ahsan natürlich nicht. Sie hatten einen großen Pajero, einen Geländewagen, mit. Wie auch andere, und überhaupt alle Männer der Familie seiner Frau, trugen auch sie große Bärte. Als Ahsan ins Auto einstieg, konnte ihm nicht verborgen bleiben, dass unter den Vordersitzen einfach so zwei Kalaschnikows rumlagen.

Ahsan nahm das nicht so ernst, er dachte, hier draußen, weit außerhalb der Hauptstadt, insbesondere in den freien Territorien haben die Jungs immer solche Gewehre bei sich. Es ist auch ein Symbol des Stolzes, aber dient zum Teil auch zum Schutz der einzelnen Menschen, dass sie Waffen tragen. Der Geländewagen fuhr weiter, alle waren ruhig, und bald war das Auto außerhalb der Stadt Peshawar.

Das Auto fuhr etwa fast eine Stunde lang auf einer bereiten Straße, bis diese Straße in eine kleine Straße mündete. Erst war das Gelände etwas hügelig, und bald folgten gebirgige Ortschaften. Das Auto fuhr nun auf einer ganz schmalen Straße, die einen Berg aufwärts verlief.

Letztendlich trafen Ahsan, seine Frau und die beiden Cousins in einem Dorf ein. Das Auto fuhr in ein riesiges Arial rein. Vorher gab es auch triviale Eingangssperrungen, die Menschen allerdings, die an solchen Kontrollpunkten saßen, waren sofort aufstanden und öffneten die Schranken per Hand, als der Fahrer des Autos vor den Schranken stoppte. Die Menschen, die an solchen Kotrollpunkten saßen, kannten die beiden Cousins.

Am Ende wurde das Auto in einer überdachten Veranda angehalten. Ein Junge eilte zum Auto, öffnete die Autotür und ließ alle Insassen aussteigen. Eine Hausdienerin kam aus dem Haus heraus und begrüßte Zainab ganz höflich und nahm auch ihre Handtasche entgegen und bat Zainab in eine Richtung. Sie lief in Richtung des gegenüberliegenden Hauses, und Zainab lief auch mit ihr zusammen, ohne etwas zu sagen. Ahsan sah nur zu.

Ahsan ging zusammen mit beiden Cousins ins Haus hinein. Kurz darauf saßen sie in einem Wohnzimmer, umgeben von vielen Männern. Zu seinem Erstaunen waren dort alle, aber auch wirklich alle, Männer anwesend, die er schon mal bei der Hochzeit gesehen hatte. Es kam ihm sehr merkwürdig vor, dass darunter auch der Vater seiner Frau war.

Er hat nicht verstanden, warum alle nochmals dort zusammengetroffen waren. Bald wurde ein großer Tisch gedeckt. Es wurden zahlreiche Speisen und Gerichte serviert. Viel Obst, Gemüse und zahlreiche Getränke waren auf dem Tisch. Nach dem Essen wurde ein gemeinsames Nachmittagsgebet verrichtet. Der Nachmittag verging so, die ganze Zeit umgeben von vielen Männern. Ahsan wartete darauf, dass er einmal kurz Zeinab sehen konnte oder sich mit ihr einmal etwas unterhalten konnte.

Auch abends wartete er vergeblich darauf. Ahsan hatte seine Frau, nachdem er hierher kam und sie mit der Hausdienerin im Inneren des Hauses verschwand, nicht einmal kurz gesehen.

Es vergingen mehrere Tage, aber Ahsan konnte seine Frau nicht sehen. Zainabs Vater war auch weiterhin da. Er konnte aber auch ihn nicht fragen, wo Zainab ist und warum er seine Frau nicht sehen kann. Er schämte sich einfach, danach zu fragen. Oft hat er daran gedacht, ihren Vater nach ihr zu fragen, dann hat er es aber sein lassen. Er war allerdings sehr unruhig. Die Männer ließen ihm auch keine Möglichkeit, nach seiner Frau zu suchen. Den ganzen Tag war er mit anderen Männern unterwegs. Frühmorgens nach dem Morgengebet und Frühstück musste er in Begleitung seines Schwiegervaters und vieler anderer Männern rausgehen.

Sie alle sammelten sich auf einem freien Gelände, und dort wurden Schießübungen gemacht. Anfangs war Ahsan sehr zögerlich, er wurde von den anderen ausgelacht, dass er als Mann kein Gewehr benutzen könne und nicht schießen gelernt hat. Unter solchem Zwang hat er dann schließlich auch angefangen, die Schießübungen mitzumachen. Er konzentrierte sich, und bald konnte er auch die Zielscheiben treffen.

Zainabs Vater hatte immer ein volles Programm für den Tag. Sie alle hatten außer Schießübungen auch weitere Drills, Kampfübungen, und wurden auch auf anderen Maschinengewehren regelrecht ausgebildet. Es wurde Reitunterricht erteilt, mit Schwertern und Stöcken geübt. Und das nicht nur für einen Tag oder für ein paar Tage, sondern es war ein richtiges Training.

Es vergingen mehrere Wochen, Ahsan war es nun sehr suspekt, er glaubte gar nicht, was ihm alles wiederfahren war. Er geriet in tödliche Verzweiflung. Ihm war bald klar geworden, dass er tatsächlich, wie Ahmad befürchtet hatte, reingelegt worden war. Das Treffen mit Zainab, die Liebeserklärung, die Heirat und bis zu diesem Trainingscamp war wahrscheinlich alles vorausgeplant. Diese Gedanken machten ihn richtig wütend. Er war auch ganz schön nervös.

Wenn nicht auch Zainabs Vater dort anwesend gewesen wäre, hätte er gedacht, dass seiner Frau etwas passiert sei und diese Leute hätten mit ihrem Verschwinden etwas zu tun. Aber ihn machten die Gedanken auch richtig krank, dass Zainab vielleicht gar nicht seine richtige Tochter ist. Sondern dass dieser Mann ihm etwas vormacht. Sie war wohl nur ein Mitglied dieser Organisation und hatte vielleicht die Aufgabe, Ahsan zu vermitteln.

Er war in diese Organisation reingerutscht und hatte keine Ahnung, wie er rauskommen würde. Er war hier quasi ein Gefangener, und falls es ihm irgendwann gelingen würde, von diesem Ort wegzugehen, wusste er nicht, wie er aus dieser abgelegenen Gegend, weit weg von einer Stadt, wegkommen würde. Diese Leute würden ihn gar nicht so einfach gehen lassen, das war ihm auch klar.

Als Imran wach wurde, war es schon zwölf Uhr mittags. Er stand auf, sofort nachdem er wach wurde. Im Zimmer war niemand. Sein Handy und Portemonnaie lagen neben ihm. Er schaute in das Portemonnaie hinein, er merkte kaum, dass zwischen vielen Scheinen ein Tausenderschein fehlte.

Das Mädchen war nicht da, es fehlte jede Spur von ihr. Im Badezimmer lag auch ihr Brautkleid. Imran schaute auf sein Handy, keine Anrufe oder SMS bemerkte er. *Verdammt noch mal! Wo ist denn Sabir geblieben?* Imran fragte sich selbst, was mit Sabir passiert war, wo das Mädchen war, und warum er so tief geschlafen hatte, hatte das Mädchen ihm vielleicht etwas im Tee verabreicht?

Am Abend gegen achtzehn Uhr meldete sich endlich Sabir: „He Imran, alles klar bei dir?", fragte er.

„Na klar, mir geht's gut, aber wo steckst du denn?", antwortete Imran und wollte gleich alles über ihn wissen.

„Was soll ich sagen, mein Freund, gleich als ich beim Chef war, wollte er mit mir nach Hyderabad fahren. Ich musste mein

Handy dort lassen und einfach in einem großen Auto mit dem Chef nach Hyderabad fahren. Wir hatten dort viel Wichtigeres zu erledigen. Erzähl du doch, hast du dich die Nacht über mit dem Mädchen amüsiert?"

Imran erzählte alles, was passiert war, und dass er nun nicht wisse, wo das Mädchen geblieben ist. Sabir fing an zu lachen. Er konnte gar nicht aufhören zu lachen. Bis Imran sauer wurde. Er beschwerte sich, dass Sabir ihn im Stich gelassen hatte. „Vergiss alles, mein Freund", sagte Sabir schließlich. „Wenigstens war das alles ein Erfahrungswert."

Je länger Ahsan dort bleiben musste, umso nervöser wurde er. Er hatte keine Chance, dieses Gelände zu verlassen. Ohne ein Auto konnte man von hier nicht wegkommen. Und diese Möglichkeit hatte Ahsan nicht. Eine Hilfe hatte er nicht. Die einzige Person, die ihm helfen könnte, wenn überhaupt, war seine Frau. Er wusste aber nicht, wo sie geblieben war. Vielleicht hätte sie ihm auch nicht geholfen, denn sie war ja diejenige, die ihn reingelegt und in diese Miesere gebracht hatte.

Auch Ahsans Eltern waren ganz verzweifelt. Seine Mutter rief Ahmad in Berlin an. Ahmad war gerade in einen Bus eingestiegen. Der Bus war losgefahren, und schon kam aus dem Lautsprecher des Busses der Hinweis: „Liebe Fahrgäste! Zu Ihrer eigenen Sicherheit möchten wir Sie bitten, sich während der Fahrt festzuhalten."

Der Busfahrer fuhr los, als ob er eine Achterbahn fahren würde. „Es kann ja sowieso nichts passieren", dachte der Busfahrer. „Ich habe die Leute gewarnt, die Fahrgäste werden schon auf sich selbst aufpassen."

Im gleichen Moment klingelte Ahmads Telefon, er wollte es aus der Hosentasche holen, und für einige Sekunden hielt er sich nicht fest, und schon bald lag er auf dem Boden. Der Bus war zu schnell, und für die Unachtsamkeit der einen Sekunde musste Ahmad schwer büßen, er fiel ganz auf den Boden. Viele Leute eilten zu Ahmad, irgendwie ist er wieder aufgestanden, eine Person half ihm beim Aufstehen. Zum Glück war es nicht so schlimm. Es war Glück im Unglück, dass er nicht verletzt wurde.

Ahsan telefonierte weiter, die Mutter von Ahsan erzählte, dass Ahsan verschwunden ist und sich auch seit einem Monat nicht gemeldet hat. Sie war sehr besorgt und wusste nicht, was sie machen sollte. Sie erzählte, dass der Vater von Ahsan auch sehr besorgt sei. Er spreche, seitdem Ahsan verschwunden ist, kaum etwas. Er säße den ganzen Tag rum und grüble.

„Wir haben alles getan, was wir machen konnten." Die Mutter von Ahsan redete und redete und wurde nicht müde. Ahmad wusste nicht so recht, was er machen soll. Er konnte am Telefon Ahsans Mutter nicht erzählen, dass er wusste, dass Ahsan ein Mädchen heiraten wollte und vielleicht schon geheiratet hat und möglicherweise in den Flitterwochen ist. Er sagte nur, dass er sich vorstellen könnte, dass Ahsan vielleicht irgendwohin verreist ist.

Die Mutter meinte aber, dass es nicht möglich sei, dass Ahsan niemals ohne ihr Bescheid zu sagen einfach so verreisen würde. Ahmad versuchte sie zu trösten, konnte es aber nicht. Er versprach ihr, bald nach Pakistan zu kommen und zu versuchen, Ahsan zu finden. Das hörte die Mutter von Ahsan sehr gern, sie freute sich darüber, dass Ahmad für seinen Freund so viel tun würde. Nach dem Gespräch kaufte Ahmad ein Flugticket und buchte eine Reise nach Karachi.

Es fiel ihm auf, dass keine europäische Fluggesellschaft nach Karachi oder sonst wohin in Pakistan fliegen würde. Als Ahmad vor zwanzig Jahren nach Karachi geflogen war, gab es mehrere Fluggesellschaften, die nach Karachi flogen. Inzwischen hatten alle europäischen Fluggesellschaften ihre Flüge nach Karachi eingestellt.

Von Berlin aus konnte er nur noch mit einer einzigen Fluggesellschaft dorthin fliege. Ahmad war sehr traurig, als ihm der Mitarbeiter des Reisebüros das erzählte. Sein Land hatte auch schöne Zeiten und gute Kontakte mit Europa und anderen Länder der Welt gehabt, nun war alles nur noch ein Traum. Das Land hatte massive Probleme, aber das Land wurde auch von seinen Freunden im Stich gelassen. Die einfachen Menschen konnten nichts dafür, dass die Regierung solche absurde Politik betrieb.

Ahmad flog nach Karachi. Dort angekommen, rief er die Mutter von Ahsan an.

„Ich bin jetzt in Karachi, hast du irgendeine Nachricht von Ahsan?", fragte Ahmad.

„Nein", gab die Mutter zur Antwort. „Okay, ich muss ein paar Tage in Karachi bleiben. Es wird hier in ein paar Tagen das Opferfest gefeiert, noch drei Tage, dann fahre ich nach Islamabad", sagte Ahmad.

Die Mutter von Ahsan war nicht sehr gesprächig, Ahmad konnte verstehen, dass es ihr nicht danach war. Er beendete das Telefonat. Die Mutter von Ahmad war natürlich sehr froh, ihren Sohn nach einer ganz langen Zeit wiederzusehen. Sie wollte, dass das bevorstehende Opferfest richtig großartig gefeiert wird. Ahmad war aber damit nicht einverstanden. Ahmad wusste, dass das Opferfest in der Stadt ein riesiges Problem mit sich bringt. Es war mal früher so, dass man das Fest richtig und großartig gefeiert und es auch genossen hatte. Aber jetzt sind die Menschen nur noch geneigt, sich darzustellen, einander etwas vorzumachen. Sie wollen zeigen, wie viel Geld sie besitzen und wie viel sie noch bei solchen Anlässen ausgeben können. Es ging den Menschen nur darum, sich selbst als die Besten zu präsentieren. Sie haben ein riesiges oder mehrere Tiere geschlachtet, den Müll aber nicht richtig entsorgt. Und die Stadt wurde in eine Mülldeponie verwandelt. Eine Stadt, die sowieso große Probleme mit der Sauberkeit und dem Reinigungszustand hat, wurde von Müllhaufen übermannt.

Ahmad musste aber zugucken, und die Vorbereitungen liefen. Die Mutter von Ahmad rief Imran, und er kam zu ihr. Imran war der perfekte Mann für die Vorbereitungen der Opferfeste. Zusammen mit seinen Kumpels, Sabir und seinem Chef, der ja einen Laden für die Schlachtung von Tieren besaß, konnte Imran nicht nur gute Angebote machen, sondern auch sämtliche Arbeit übernehmen.

Imran brachte einen Katalog und legte ihn vor. Aus dem Katalog konnte man ein Tier wählen und um dessen Preis wurde gehandelt. Alles lief planmäßig: Das Tier wurde im Laden geschlachtet, ein Teil wurde zu dem Internat der Koranschule verschickt und Rest des Fleisches nach Hause gebracht.

Das war die Lösung, damit im Umfeld, wo Ahmad mit seiner Familie, wohnte kein Müll entsorgt werden musste – dafür aber in einem anderen Stadtteil schon. Außerdem hatten viele Nachbarn Tiere nach Hause gebracht und vor der Haustür geschlachtet, und der Müll würde dort eine Woche lang liegen bleiben. Eine Stadtreinigung oder ähnliche Services gibt es fast nicht in Karachi.

Das Opferfest ist ein wichtiger Feiertag des islamischen Glaubens. Der Sinn dieses Fest bestand ursprünglich natürlich darin, anstatt eines Menschen, was früher in alten Glaubenskulturen wohl ein wichtiges Ritual war, ein Tier zu opfern. Außerdem konnten dank der großzügigen Verteilung auch arme Menschen etwas von dem Fleisch essen, die sonst nicht des Öfteren oder überhaupt nie Fleisch hätten kaufen können. Das Fest hat jetzt aber diesen Sinn verloren, meinte Ahmad.

Nach dem Opferfest erklärte Ahmad, dass er bald nach Islamabad reisen möchte. Ahmads Mutter wollte nicht, dass Ahmad so schnell weiterreist. Sie wurde traurig, blieb aber ruhig.

Als Imran hörte, dass Ahmad nach Islamabad fährt, bot er ihm an, ihn auf die Reise dorthin mitzunehmen.

„Wir fahren im Automobil nach Islamabad", sagte Imran zu Ahmad, „du kannst mit uns fahren." „Wie bitte?", fragte Ahmad voller Überraschung. „Ihr fahrt mit einem Pkw nach Islamabad?"

„Nein mit einem Bus, mit vielen anderen Menschen", sagte Imran lachend und fügte hinzu: „Es wird bestimmt sehr viel Spaß machen, wenn du auch mit uns fahren würdest."

„Nein danke, aber das tu ich mir bestimmt nicht an. Ich werde lieber fliegen oder mit der Bahn fahren", antwortete Ahmad klipp und klar.

Ahmad hatte aber das Angebot von Imran so weit angenommen, dass sie alle in Islamabad zusammentreffen würden und die weiteren Fahrten gemeinsam unternehmen. Ahmad flog nach ein paar Tagen nach Islamabad. Er besuchte die Familie von Ahsan. Die Familie war sehr traurig und mitgenommen.

Viele Informationen konnte er von der Familie nicht bekommen. Er selbst wusste mehr als die Familie. Ahmad hatte allerdings keine Ahnung, wo er Ahsan suchen soll. Er war auch im Hafsa College, um sich dort umzuschauen. Er gab dort an, dass er seine Schwester in das College schicken möchte, um sie ein Studium aufnehmen zu lassen. Er bekam alle Details diesbezüglich.

Was aber er nicht in Erfahrung bringen konnte, waren Information über Ahsan oder seine Freundin, oder inzwischen, nach der Heirat, seine Frau Zainab. Er hat nur beiläufig von anderen Mädchen erfahren, dass sie mal dort studierte, aber keiner wusste, wo sie jetzt ist.

Nach ein paar Tagen des Herumtreibens war Ahmad noch enttäuschter als zuvor. Er hatte große euphorische Erwartungen gehabt, dass er Ahsan finden würde, aber all seine Bemühungen und Versuche waren im Sand verlaufen.

Und dann war Imran mit seiner Truppe in Islamabad eingetroffen. Er war, wie er gesagt hatte, in einem Bus mit vielen anderen gefahren. Er fuhr 1.430 Kilometer, von Karachi nach Islamabad. Und war drei Tage lang unterwegs. Er ist nicht durchgereist, sondern machte Halt in Sukkhar und Lahore. Angekommen in Islamabad, rief er Ahmad an, um ihm Bescheid zu geben, dass er nun in Islamabad sei, ein paar Tage in Islamabad bleiben und dann mit anderen weiterfahren würde. Ahmad wusste sowieso nicht, was er machen soll. Er hatte keine Ahnung, wo er Ahsan suchen sollte.

In dieser Situation war Imran für ihn wie ein Strohhalm, nach dem er greifen konnte. Er schloss sich ihm einfach an. Imran kam mit Sabir, und alle drei verbrachten mehrere Tage in Islamabad, um sich umzuschauen. Imran erzählte, dass sie aus betrieblichem Grund für ein paar Tage eine Pause einlegen müssten. Und die weitere Fahrt verzögere sich. Ahmad hatte nicht gefragt, welchen Betrieb Imran meinte und welche Gründe es für die Verzögerungen gab.

Ahmad, Imran und Sabir besuchten viele Orte in Islamabad. Ahmad konnte sich erinnern, wie er diese Stadt erlebt hatte, damals, als er zum ersten Mal nach Islamabad kam. Das Stadtbild hatte seitdem viele Veränderungen erlebt. Vor allem fiel ihm auf, dass zum Schutz und für Veranstaltungen Container aufgestellt waren. Die Container, die einmal erfunden worden waren, um auf den großen Schiffen Ordnung zu schaffen und den Gütertransport zu erleichtern, fanden in der Dritten Welt eigenartige Nutzung – darüber hatte er damals schon am Telefon mit Imran gesprochen.

Sie alle drei besuchten den Margalla-Hügel, die Faisal Moschee, den Nationalpark, Rawalsee, Daman e Koh, am Fuße der Gebirge, und natürlich die Schwesterstadt Rawalpindi. Ein Tag wurde auch in Murree verbracht.

Überall, wo auch immer sie waren, versuchte Ahmad etwas über Ahsan und seine Frau zu erfahren. Mit allen Menschen, denen er begegnete und die in keinster Weise mit Ahsan oder seiner Frau irgendwie Kontakt gehabt hatten, versuchte er in indirekter Weise über Ahsan und seine Frau zu reden, um etwas über die beiden zu erfahren. Er versuchte auch, mit Menschen, die jemals einen Kontakt mit dem Hafsa College hatten, ins Gespräch zu kommen oder irgendwas von ihnen über das College zu erfahren. Damit wollte er sich ein Bild darüber machen, wie das College so ist. Aber all seine Bemühungen waren umsonst. Niemand zeigte Interesse an den beiden oder am Hafsa College. Auch Bekannte und Verwandte wollten nicht über die beiden sprechen.

Es war ein Tabuthema. Aber Ahmad musste ja darüber sprechen. Imran war der Einzige, mit dem er über dieses Thema sprechen konnte. Ahmad wusste, dass Imran Ahsan zwar nicht persönlich kannte, aber Imran war ja auch ein entfernter Verwandter von ihm. Imran wusste schon, dass die Familie in Islamabad wohnt.

Einen Tag vor der Reise, als Ahmad mit Imran zusammen in einem Café saß, hatte Ahmad das Gefühl, dass Imran ihn etwas fragen wollte.

Er sprach Imran an: „Du hast gar nicht gefragt, wo ich wohne und bei wem."

„Ich weiß doch, dass du bei Ahsan wohnst", antwortete Imran leise und redete weiter: „Ich weiß, dass Ahsan unser entfernter Verwandter ist, aber ich weiß auch, dass du extra nach Pakistan

gereist bist, um der Familie bei der Suche nach Ahsan zu helfen."
Ahmad starrte Imran voller Staunen an. Er hatte keine Ahnung, dass Imran über Ahsan Bescheid wusste.

Ahmad war noch im Staunen versunken, als Imran ihm weitere Details erzählte. Nach diesem Gespräch war Ahmad sehr erleichtert. Er hatte Imran weit unterschätzt, aber Imran wirkte viel erfahrener und klüger, als ob er plötzlich erwachsener geworden wäre. Ahmad war sehr froh, hier in Islamabad mit Imran zusammen zu sein. Seine Fahrt auf der Suche nach Ahsan sollte schon morgen beginnen. Die Schwierigkeiten und Herausforderungen dieser Aufgabe waren ihm nur durch Imran bewusst geworden.

Imran bat Ahmad, mit niemandem über den Inhalt ihres heutigen Gesprächs zu sprechen, auch nicht mit Sabir. Ahmad versprach, sich genau so zu verhalten, und auch weitere Details für sich zu behalten und strikt die Anweisung von Imran zu befolgen.

Es war ein schöner Sommertag, als Ahmad die Reise zu einem unbekannten Ziel begann. Imran holte Ahmad früh am Morgen mit einem Pkw ab. Die beiden fuhren ein Stückchen weiter innerhalb Islamabads und kamen auf einen freien Platz. Dort wartete Sabir mit anderen mit einem großen Bus. Ein stark geschmückter, traditioneller Bus. Im Bus saßen sehr viele junge Menschen verschiedenen Alters.

Imran sagte zu Sabir, dass Ahmad ein Stück weit mit ihnen fahren möchte, er würde sie in Peshawar verlassen. Und fragte zugleich Sabir: „Wir können ihn doch mitnehmen, oder?" Sabir konnte gar nicht Nein sagen, Ahmad war ja dabei. Sabir sagte gar nichts. Er ging mit Imran hinter den Bus und sagte leise: „Hoffentlich bereitet dieser Mann uns keine Schwierigkeiten, außerdem weiß ich nicht, ob der Boss nicht was dagegen hätte."

„Ah, das ist doch keine große Sache, wir sagen, dieser Mann wollte mit uns ein Stückchen fahren, wir haben ihn in unser Auto aufgenommen", sagte Imran flüsternd, „was soll er uns für Probleme machen. Außer dir weiß doch niemand, dass ich ihn kenne. Er hat mir auch mal aus der Patsche geholfen, ich schulde ihm auch etwas. Sei so lieb und nimm ihn mit."

Imran überredete Sabir. Und die Reise begann. Von Islamabad wollten sie in drei Stunden Peshawar, eine weiter nördlich gelegene Stadt, erreichen, was auch realistisch schien. Es waren ca. 184 Kilometer, die sie fahren mussten. Der Bus fuhr hinter dem Auto her, aber bald waren sie nicht mehr zusammen. Im Verkehrchaos wurden sie bald getrennt. Allerdings blieben Imran und Sabir ständig über ihre Handys in Kontakt. Der Bus fuhr weiter und erreichte die Stadt Peshawar in drei Stunden. Das Auto traf ein paar Minuten später dann auch dort ein. An einer großen Bushaltestelle machten sie Pause. Ahmad verabschiedete sich dort von Sabir und Imran und nahm seine Sachen mit und verschwand in der Menschenmenge der Bushaltstelle. Es waren viele Händler da. Sie verkauften viel Obst, Snacks und Getränke. Alle kauften Kleinigkeiten zum Essen und auch Getränke, denn es war heiß. Nach einer halbstündigen Pause waren alle bereit, weiterzufahren. Alle stiegen ein. Der Bus startete mit einem lauten Geräusch, und Imran wollte sein Auto auch starten. Sabir stieg zu ihm auf den Beifahrersitz. Imran versuchte sein Auto zu starten, aber das Auto startete nicht. Imran versuchte mehrfach, das Auto zu starten, scheiterte aber jedes Mal. Verzweifelt gab er dem Busfahrer ein Handzeichen, dass er warten soll. Er stieg aus und öffnete die Fronthaube des Autos und versuchte herauszufinden, warum das Auto nicht startete. Zehn Minuten lang hantierte er herum, Sabir schaute auch nach, aber die beiden waren nicht in der Lage, das Auto zu starten. Dann ging Imran zu der Tankstelle und holte einen Automechaniker, er schaute auch unter die Haube und sagte, dass er zwei Stunden brauchen würde, um das Auto wieder in Gang zu bringen. Imran riet Sabir, mit dem Bus weiterzufahren. Er sagte, er würde ihm nach der Reparatur hinterherfahren. Sabir war nicht ganz damit einverstanden.

Er sagte: „Durch die Verzögerung verlieren wir viel kostbare Zeit. Wir haben sowieso drei, vier Tage Verspätung, wenn wir heute die vereinbarte Zeit nicht einhalten, dann könne es viel Ärger geben. Der Kunde könnte zum Beispiel die Ware nicht mehr abnehmen, das wäre fatal. Der Chef wird das alles sehr ungern akzeptieren."

Imran versprach, sich bald Sabir anzuschließen, um bei der Übergabe der Ware dabei zu sein. Sabir war dann doch einverstanden, und er ließ Imran allein dort mit dem Auto und fuhr mit dem Bus weiter. Nachdem der Bus abgefahren war, ging Imran zu einem kleinen Restaurant, das sich auf dem Busbahnhof befand. Er bestellte einen Tee, und während er den Tee schlürfte, fing sein Handy zu klingeln an. „Ja?" Jemand antwortete. „Ich fahre los, an derselben Stelle treffen wir uns in zehn Minuten," Imran fasste sich kurz und ohne zuhören legte er wieder auf.

Imran trank nicht mal den Tee zu Ende und eilte zu seinem Auto. Er startete sein Auto, das Auto war auf einmal ohne zu zaudern oder zu rauschen ganz einfach gestartet. Er fuhr weg. Nach zehn Minuten war er an einer Tankstelle. Er machte halt und wartete dort auf jemand. Kurze Zeit danach kam dort ein Mann mit einem Koffer an – das war kein anderer als Ahmad.

Ahmad packte seine Sachen in den Kofferraum und schnell waren beide auf der Landstraße Richtung nordpakistanische freie Territorien, wo es eigentlich keine richtige pakistanische Regierung gab. Hier hatten sich die Taliban etabliert. Es war eigentlich ein Rückzugsgebiet für die Kämpfer, die in Afghanistan kämpften.

Hier gewannen die Taliban zunächst die Kontrolle über Gebiete innerhalb der Stammesgebiete, die unter Bundesverwaltung (FATA) standen. Es handelte sich um ein pakistanisches Sonderterritorium, das mehrheitlich von Paschtunen bewohnt wird. Diese Region, die sich insbesondere durch eine schwache Kontrolle durch die Zentralregierung auszeichnete, hatten die Taliban schon immer als Rückzugsgebiet genutzt. Von den Stammesgebieten griffen die Taliban auf die Grenzprovinz ein, die heute als Pakhtunkhwa- Provinz bekannt ist, und zogen nach Belutschistan ein. Die pakistanische Regierung versuchte ihrerseits zu verhindern, dass die Einflüsse der Taliban im Nordwesten Pakistans fortgesetzt wurden. Die Versuche waren aber manchmal widerwillig.

In diesen Stammesgebieten und weiteren, vornehmlich in Süd- und Nordwasiristan, fanden die Taliban ihre Schlupflöcher. Zusammen mit örtlichen Clans hatten die Truppen der Taliban sowie andere Kämpfer einen Pakt geschlossen, demnach waren sie als Gäste dort besonders willkommen und genossen Schutz. Dadurch war es für die pakistanische Armee auch nicht möglich, die Kriminellen und andere strafrechtlich verfolgte Personen zu verhaften.

Die sogenannten *Jirgas* – eine Art Rat, in den hauptsächlich ältere und einflussreiche Bürger des jeweiliges Ortes einberufen sind, um die Konflikte der Menschen durch Schlichtung zu lösen und zum Teil auch bei der Verwaltung des Ortes mitzuwirken – konnten, wem auch immer sie wollten, erlauben, dass sie in ihrem Ort bleiben dürfen oder ihn verlassen sollen oder müssen. Diese sehr konservativen Menschen standen den Taliban sehr nah. Die Taliban allerdings ermordeten in der Folgezeit mehrere Stammesführer, die das Abkommen nicht mit unterzeichnet hatten. Sie setzten ihre Expansion fort. Sie warben offen neue Mitglieder in Koranschulen und versuchten, durch Angriffe auf Schulbehörden deren Kooperation zu erzwingen. Auch verübten die Taliban Anschläge gegen Einrichtungen, die nicht mit ihrem Gesellschaftsbild zu vereinbaren waren, zum Beispiel Musik- und Videoläden oder Modegeschäfte. Die Ziele diesen Islamisten und Stammesführer bestanden darin, die Scharia im gesamten Gebiet einzuführen, den Kampf gegen die Ungläubigen weiterzuführen sowie eine Art „Verteidigungsdschihad".

Das Spiel, das Imran und Ahmad gemeinsam durchdachten und auch trieben, war natürlich sehr gefährlich. Zum einen waren es sehr weit weg gelegene Ortschaften, wo sie keine Hilfe durch die Polizei oder auf sonstige Weise erhoffen konnten, zum anderen wären sie wirklich verloren, wenn sie in die Hände der Taliban fallen würden. Vor allem waren sie gar nicht so sicher, ob sie überhaupt in den Ort Bajor, wo sie hinwollten, einfahren durften. Imran hatte ja den Auftrag, die sogenannten Waren zu liefern, diese hatte aber Sabir bereits mitgenommen. Vielleicht war er schon mit dem Bus in das Gebiet reingefahren. Wie sollten dann Imran und Ahmad dort reinfahren – was hatten sie für einen Grund, das von den Taliban bewachte Gebiet betreten zu dürfen? Irgendwie war alles unklar, aber vielleicht hatte sich Imran etwas dabei gedacht. Wie Sabir reagieren würde, wenn er dies alles mitbekäme, wusste Imran auch nicht. Sie fuhren und fuhren, immer weiter. Es waren Gebirgslandschaften, mit sehr engen Pässen. Es waren ca. 126 Kilometer, die durch Täler, Gebirge, und Engpässe führten, die nicht sehr schnell zu überwinden waren. Die bebauten Straßen waren weder sehr bereit noch gut, und die unbebauten Strecken waren noch schlimmer. Es ging nicht sehr schnell vorwärts. Es wurde schon dunkel, und die Dunkelheit erschwerte die Fahrt noch zusätzlich. Etwa 20 Kilometer vor dem Ort Bajor bemerkten die beiden, dass der Bus, in dem Sabir und die anderen gefahren waren, am Straßenrand stand. Sabir wollte wahrscheinlich nicht allein nach Bajor reinfahren, oder er wollte nicht, dass Imran allein da draußen irgendwo herumtappte, falls er von den Eingangswächtern nicht nach Bajor reingelassen würde. Was auch immer der Grund war, wartete Sabir da auf Imran, der die ganze Zeit nicht an sein Telefon gegangen war, um nicht zu verraten, wo er sich gerade befand. Imran musste gleich handeln, um die ganze Wut und den Ärger Sabirs nicht noch intensiver auf sich zu ziehen. *Wenn er auf dem Beifahrersitz Ahmad sieht, wird er an keine Ausrede von mir glauben,* dachte Imran.

Er hielt das Auto an, bevor Sabir, im Bus sitzend, sein Auto sehen konnte und schaltete das Licht aus. An der Straßenseite parkte er ein und sagte zu Ahmad: „Du muss nun eine kurze Strecke zu Fuß gehen. Ich fahre vor und schließe mich Sabir an. Ich werde ihm sagen, dass er mit dem Bus weiterfahren soll, und ich fahre mit dem Auto hinterher, wir werden mit unserem Bus und dem Auto an der Eingangskontrolle anhalten und wir werden mit den Wächtern reden. Wir müssen uns bekannt machen. Wegen der Lieferung werden wir dann reingelassen. Sofort nachdem Sabir losfahren wird, werde ich dich erneut aufnehmen. Kurz vor dem Kontrollpunkt musst du wieder aussteigen. Du musst dann aber, während wir am Kontrollpunkt mit den Wächtern reden, versuchen, in das Gebiet reinzugelangen." Er holte eine kleine Landkarte aus dem Handschuhfach des Autos raus und zeigte sie Ahmad. Auf der Karte zeigte er Ahmad, wie er zu Fuß den Kontrollpunkt umgehen konnte.

„Es sind meistens ein bis zwei Personen, die kontrollieren, meistens werden nur Autos kontrolliert, es sein denn, dass die Wächter einen Anruf erhalten und ganz bestimmte Personen kontrollieren zu müssen.", sagte Imran weiter.

„Sowieso geht dort keiner freiwillig rein. Wenn alles planmäßig läuft, werde ich dich nach dem Kontrollpunkt wieder mit dem Auto aufnehmen."

„Ich werde besonderes langsam fahren. Du hältst dich nicht weit vom Straßenrand auf. Du musst nur aufpassen, dass du dich schnell genug bemerkbar machst, sodass ich dich wieder mitnehmen kann", sagte Imran schließlich.

Ahmad stieg aus, und Imran fuhr weiter. Ahmad lief entlang der Straße, so schnell wie er konnte. Sabir war ganz schön sauer auf Imran. Er fragte Imran, warum er nicht ans Telefon gegangen war. Er hätte sein Handy aufladen sollen, um den Kontakt aufrechtzuerhalten. Er hatte sich viele Sorgen um Imran gemacht. Irgendwie konnte Imran ihn beruhigen. Und sie beide lachten wieder. Dann fuhren beide auch wieder los. Sabir fuhr mit dem vollgeladenen Bus, zusammen mit anderen Sachen waren fünfzig Personen an Bord. Imran fuhr zunächst allein mit seinem Auto, aber kaum war er ein Stück gefahren, da sah er Ahmad am Straßenrand stehen. Imran hielt an, und Ahmad stieg wieder ein. Im Auto erzählte er, er habe alles beobachtet. Weil Imran und Sabir lange diskutierten und sich dann erst wieder versöhnt hatten, hatte er Zeit genug gehabt, ganz in ihrer Nähe im Versteck zu bleiben. Und deswegen hatte er sich nach Abfahren des Busses sofort vor Imrans Auto gestellt. Bis dahin war alles gut gelaufen. Sabir hatte nicht mitbekommen, dass auch Ahmad mit dabei ist.

Angekommen an dem Kontrollpunkt, wo Ahmad wieder das Auto verlassen hatte, trafen Imran und Sabir wieder zusammen. Die Schranke war zu, und niemand war dort. Die beiden standen vor der geschlossen Schranke und warten auf jemand. Sie warteten dort eine halbe Stunde lang. Sabir telefonierte nach Karachi, um Bescheid zu geben, dass er mit allen Personen und Gütern angekommen sei. Kurze Zeit später tauchte in der Dunkelheit jemand auf und kam zu Imran und Sabir. Die beiden zogen ihre

Ausweise aus der Tasche und sagten zu dem Unbekannten: „Salam alaikum!"

„Salam alaikum" antwortete der Mann. Sabir stellte sich vor und erklärte, dass er so viele Personen und Waren liefern möchte. Er hatte auch einen Brief für diese Person. Der Mann sah den Brief an und entschuldigte sich, dass die beiden hatten warten müssen.

Es hatte hier vor Kurzem einen Zwischenfall gegeben, und deswegen waren alle Wächter damit beschäftigt. Der Wachmann holte sein Handy raus und fing an zu telefonieren. Er sprach auf Dari kurz etwas, was die beiden nicht verstanden, und dann sagte zu den beiden:

„Willkommen in der *Aalaqaghair*", was etwa so viel bedeutet wie „freies Territorium". Er ließ die beiden reinfahren, vorher stieg er aber ganz bequem von der Beifahrerseite in das Auto von Imran ein und sagte: „Ich zeige euch den Weg bis zum Parkplatz, wo ihr dann abgeholt und versorgt werdet." Das kam für die beiden sehr überraschend, vor allem aber für Imran, denn er hatte ganz anderes geplant. Er wollte ja irgendwo Ahmad ins Auto aufnehmen. Er hatte ohnehin schon Sorgen um Ahmad, weil es am Kontrollpunkt so lange gedauert hatte, und nun saß plötzlich dieser Mann im Auto. Er hatte keine Chance, Ahmad irgendwo ins Auto aufzunehmen.

Sabir wusste ja gar nichts von Imrans Plänen. Er stieg in den Bus ein. Imran hatte keine andere Wahl als dem Befehl des Wachmanns zu folgen. Imran fuhr vor, und Sabir hinterher. Sie kamen an ein großes eingezäuntes Gelände. Und vor einem großen Tor, an einer Veranda, gab der Mann Handzeichen, anzuhalten. Die beiden parkten ihre Fahrzeuge dort. Sie wurden zusammen mit dem Wachmann von zwei anderen Personen abgeholt. Es waren dort viele Personen, die anscheinend vorbereitet waren, die im Bus sitzenden Personen aufzunehmen. Und schnell fingen sie an, vom Dach des Busses Waren herunterzuholen.

Der Wachmann ließ sich von den beiden verabschieden, dann wurden Imran und Sabir in ein großes, bescheidenes Wohnzimmer gebracht.

Es war eine richtig große Empfangshalle. Im ganzen Saal waren Teppiche ausgelegt. Man musste die Schuhe ausziehen. Imran und Sabir durften dort Platz nehmen und sich an die Wand anlehnen und mit runden Kissen konnten sie es sich bequem machen. Sogleich wurden sie mit warmem Tee und trockenen Früchten versorgt. Sie mussten aber bald wieder aufstehen, denn kurze Zeit später trat in den Saal ein älterer Herr ein, der mit seiner kräftigen Gestalt, mit einem großen Bart und Turban schon ganz auffällig erschien. Er trug auch ein ziemlich breites Gewand mit Schal über seinen breiten Schultern. Alle waren still. Er war in Begleitung von ein paar Menschen, die vor ihm liefen und ihn zu seinem Sitzplatz brachten. Dieser war mit einem hoch aufragenden großen Kissen und mit einem auffällig schönen Teppich bestückt. Es war ein besonderer Platz für ihn. Gleich als er seinen Platz einnahm, durften alle wieder sitzen. Die Personen, die ihn an seinen Platz gebracht hatten, verließen den Saal sofort. Dann standen alle weitere Personen in diesem Saal nacheinander auf, traten vor ihn, und gaben einen Kuss auf seine Hand. Manchen Personen streichelte er mit seiner Hand den Kopf oder die Schulter. Alles wirkte so, wie im Mittelalter ein König Hof hielt. Imran und Sabir waren sehr überrascht. Eine Person kam zu den beiden und begleitete sie zu dem Mann. Er schaute die beiden an und reichte ihnen seine Hand, damit auch sie, so wie alle anderen, die Oberfläche seiner Hand küssen konnten. Nach dem Küssen erzählte der Mann, der zuvor die beiden zu dem alten Mann begleitet hatte, dass diese beiden junge Menschen von weither angereist sind: „Sie sind aus Karachi gekommen und haben Waren und junge Knaben mitgebracht." Über die Jungs, die mit auf der Reise waren, war zu Imran und Sabir gesagt worden, dass sie hier in Bajor eine besondere und fortgeschrittene Koranschule besuchen würden. Und die Waren sollten Geschenke für die obersten Gelehrten gewesen sein. Aber alles war hier nicht so, wie sie es sich vorgestellt hatten. Der ältere „König" sprach nur leise und in der Sprache Dari etwas, das Imran und Sabir nicht verstanden. Der Mann, der sie zu diesem Herrn geführt hatte, übersetzte auf Urdu und sagte: „Unser großer Khan bedankt sich für eure Mühe und bei euerem Chef in Karachi. Er ist auch unser Partner. Ihr werdet gut belohnt. Nun könnt ihr ein paar Tage hier verbringen und dann, wenn ihr möchtet, könnt ihr weiterziehen." Ein Stein fiel den beiden vom Herzen, dass sie zumindestens keine Gefangen waren. Bis jetzt schien alles so, als ob sie freiwillig irgendwo gelandet wären, von wo sie nie wieder rauskämen.

Die beiden durften wieder Platz nehmen. Dann geschah etwas ganz Seltsames. Imran konnte seinen Augen kaum trauen: Es kamen zwei Wächter – und sie hielten Ahmad fest, seine Hände waren mit einem Seil vorne zusammengebunden. Er wurde hereingebracht und vor den Khan gestellt. Der Khan machte eine Handbewegung und die beiden Wächter hatten ganz schnell das Seil abgenommen und ließen Ahmads beide Hände frei. Das war so wie bei Gericht, wenn dem Gefangenen die Handschnellen abgelegt werden. Dann kam jemand von den Anwesenden zur Audienz nach vorne und erzählte dem Khan auf Urdu:

„Dieser Mann hat versucht, heute Abend in unser Gebiet einzudringen. Er behauptet, ein Tourist zu sein."

Der Khan fragte: „Hat er Waffen bei sich?"

„Nein", antwortete der Mann.

„Warum sollte er dann kein Tourist sein?", fragte der Große Khan.

Der Mann und die Wächter gaben keine Antwort und blieben ruhig.

„Lasst den Mann frei. Er genießt unsere Gastfreundschaft", sagte der Khan und ließ mit einem Handzeichen die Audienz auflösen. Er stand auf, die Diener halfen ihm beim Aufstehen, und er verschwand mit den anderen zusammen wieder irgendwo hinter dem Empfangssaal, woher er auch gekommen war.

Imran und Sabir wurden ebenfalls von dem Mann, der sie zuvor zum Khan begleitet hatte, mitgenommen. Sie wurden nach einem kurzen Fußweg zu einem Haus gebracht und bis zu ihren Zimmern begleitet. Der Mann sagte: „Wenn Sie was brauchen, rufen Sie uns laut, jemand wird schon kommen." Imran und Sabir hatten ihre Zimmer nebeneinander. Sie wurden mit

Essen versorgt, und dann begaben sie sich zum Schlafen. Bevor sie sich verabschiedeten, wollte Sabir wissen, woher zum Teufel Ahmad hier gestrandet war. Imran nickte ihm nur zu, weil er es selbst nicht wusste.

Frühmorgens wurden alle Menschen des Ortes durch den *Azan* geweckt, den Gebetsruf des Muezzins. Ein Mann brachte warmes Wasser für die beiden, und nach dem Waschen gingen sie zusammen mit diesem Mann zu einer Moschee, die unweit des Hauses auf dem Gelände lag. Beim Gebet sahen die beiden, dass auch Ahmad dort in der Moschee wie alle anderen betete. Sogar alle Jungen, die mit Sabir und Imran mitgereist waren, waren dort anwesend. Und zu Ahmads großem Erstaunen war auch Ahsan dort in der Moschee. Sabir kannte Ahsan nicht, sonst hätte Imran wirklich ein Problem gehabt. Er hätte dann Sabir erklären müssen, mit welchen Motiven er seinem Verein beigetreten war.

Die Zeit war gekommen, dass Imran Sabir alles beichten sollte, um dann gemeinsam zu überlegen, wie es weitergehen soll. Als Ahmad und Ahsan sich trafen, grüßten die beiden sich nur kurz und formell, wie sie es auch mit allen anderen taten, die in der Moschee anwesend waren. Nach dem Frühstück ging das Training weiter, alle waren weg – nur Ahmad, Imran und Sabir durften dortbleiben. Es waren aber ein paar Wachpersonen da, die anscheinend schon darauf achteten, was da vor sich ging.

Als die beiden alleine waren, entschuldigte sich Imran bei Sabir. Und erzählte ihm die ganze Geschichte. Dass er doch Ahmad mitgenommen hatte und Ahmad wiederum Ahsan gesucht hatte. Und weil die alle drei miteinander verwandt sind, mussten sie sich gegenseitig unterstützen. Er erzählte ihm, dass er am Anfang auch nicht gewusst hatte, dass Ahsan sein Cousin ist. Er wusste auch nicht, dass dieser seine Frau suchte und Ahmad gekommen war, um ihm zu helfen. Ahmad hätte zu ihm gesagt, dass er nur Nordpakistan besuchen möchte. Erst in Peshawar habe Ahmad sein Vorhaben erzählt. Und als sein entfernter Cousin fühlte er sich verpflichtet, ihm zu helfen. Sabir war ein bisschen sauer auf Imran, aber bald hatte er alles wieder vergessen. Er sagte zu Imran: „Ich habe auch etwas zu beichten." Imran war ganz überrascht. Sabir sagte zu Imran: „Weißt du, ich bin seit vielen Jahren bei meiner Organisation tätig. Ich habe immer gewusst, dass diese Leute nicht mit den richtigen Dingen zu tun haben. Ich habe dich auch bewusst in die Organisation geholt, damit du auch für diese Leute arbeitest und ich dadurch in der Organisation besseres Ansehen und eine bessere Position habe. Das war auch nicht richtig." Sabir redete wie ein Brunnen weiter: „Jetzt, wo ich gemerkt habe und von dir auch gehört habe, dass du solche Risiken eingehst, um nur deinen Cousin und seine Frau zu finden, habe ich ein schlechtes Gewissen, dass ich so ein schlechter Mensch bin und dich wie ein feindseliger Mensch nur ausgenutzt habe. Ich will jetzt auch mitmachen. Ich will sogar auch diese jungen Menschen wieder mit zurück nach Karachi nehmen, damit deren Eltern und Verwandten nicht ewig auf sie warten. Ich wusste schon immer, dass diese Jungen in den Krieg geschickt werden, das habe ich dir aber nie verraten."

„Hamm", atmete Imran tief und sprach weiter: „Haben wir aber nicht etwas zu viel vor? Wir wissen auch nicht, wie wir all das bewältigen können, hier mitten in diesem Wald."

Die beiden lebten dort unauffällig. Und taten so, als ob sie nur ein paar Tage dort ausruhen wollen. Dabei hatte Imran mit Ahmad gesprochen und ihm gesagt, dass er mit Ahsan auch unauffällig in Kontakt bleiben soll. Sabir seinerseits versuchte so viele wie möglich der von Karachi aus mitgefahrenen Jungs zu kontaktieren und ihnen zu sagen, dass sie, wenn es soweit sei, auch mit ihnen fliehen könnten. Es war alles nicht so einfach. Es waren fünfzig Jungs. Man wusste nicht, was in deren Köpfen ablief. Deswegen hatte Sabir immer diejenigen, mit denen er gesprochen hatte, auch ermahnt, dass sie es niemandem, aber wirklich niemandem, weitersagen sollen.

Ahmad hatte zwar mit Ahsan gesprochen, aber Ahsan wollte nicht einfach von dort weggehen, bevor er über seine Frau nicht etwas Konkretes erfahren hat. Er wollte mindestens einmal mit ihr gesprochen haben. Das machte die Lage noch schwieriger, sie wussten, dass die Jungs bald weiter nach Afghanistan verschickt werden sollten. Sabir wollte etwas unternehmen, bevor es so weit ist. Ahmad und Ahsan trafen sich heimlich und überlegten gemeinsam, wie sie herausfinden konnten, ob Ahsans Frau auch noch dort auf diesem großen Areal ist.

Es war ein Freitagnachmittag. Alle bereiteten sich für das Freitagsgebet vor. Das Freitagsgebet sollte in einer Hauptmoschee stattfinden, die nicht sehr weit weg war. Ein Teil der Moschee war mit Planen bedeckt, wo Frauen beten sollten. Sabir und Ahsan dachten, dass es bei der Freitagsgebetsversammlung eine Chance gäbe, Zainab zu suchen. Sie überredeten einen Jungen, der gerade mal acht Jahre alt war, in das Frauenabteil reinzugehen und Zainab zu suchen. Als kleiner Junge genoss er die Freiheit, in die Frauenabteilung gehen zu dürfen. Sabir lockte ihn mit ein paar Rupien, dass er unauffällig in der Frauengebetsversammlung nachschauen soll, ob sich dort zusammen mit vielen anderen Frauen zufällig auch Zainab aufhalten würde. Ahsan hatte ein Foto von ihr. Das Foto wurde diesem Jungen gezeigt, damit er sie erkennen konnte.

Alles war umsonst. Zainab war nicht dort, oder der Junge konnte sie dort nicht finden. Vielleicht wollte sie auch gar nicht, dass man sie findet. Was auch immer es war, sie blieb unentdeckt oder unauffindbar.

Die Zeit verging schnell, und Imran und Sabir mussten bald Bajor verlassen und nach Hause kehren. Ahmad war zwar als Gast dort, aber ob er auch mit den beiden zurückfahren dürfte, war nicht ganz klar. Das war wahrscheinlich auch beabsichtigt, dass, solange Imran und Sabir dort blieben, über Ahmads Schicksal nicht entschieden wird. Ahmad, Imran und Sabir hatten große Befürchtungen: Falls Ahmad das Gebiet nicht mit Imran und Sabir verlassen dürfte, wie sollte er dann von dort wegkommen? Und wenn sie dies erst im letzten Moment erführen, wäre alles zu kompliziert. In diesem Moment könnten Imran und Sabir ihre Pläne nicht mehr ändern, und sie müssten Ahmad allein und hilflos zurücklassen. Es war alles unübersichtlich. Ahsan wollte gar nicht von dort raus, bis er herausgefunden hatte, wo seine Frau geblieben ist.

Letztendlich telefonierte Sabir mit seinem Chef und bat ihm um Erlaubnis, dass er die mitgenommenen Jungen auch nach

Kabul begleiten dürfe. Sein Chef war nicht sofort damit einverstanden, aber Sabir sagte zu ihm, dass er darin neue Geschäftschancen sähe. Sabirs Chef rief dann den großen Khan an, um von ihm Sabirs Wunsch genehmigen zu lassen, dass Sabir die Jungs bis nach Kabul begleiten darf. Das war eine große Errungenschaft von Sabir. Er hat dies auch Imran mitgeteilt und nun konnten die beiden einen Plan schiemden.

Am Tag der Abreise hieß es unerwartet, dass auch Ahsan und Ahmad mit nach Afghanistan fahren sollen. Ahsan war ja bereits ausgebildet, und Ahmad sollte wahrscheinlich dort ausgebildet werden. Sabir fuhr mit seinem Bus. Es fuhren nicht alle Jungs mit, die er mitgebracht hatte. Aber Sabir konnte sich darüber nicht beschweren. Kurze Zeit nach dem Losfahren musste Sabir aber zu dem Ort zurückfahren, denn sein Bus war nicht in Ordnung. Er rief einen der Wächter und beklagte sich über die Schwierigkeit, dass der Bus nicht in Ordnung sei. Der Wachmann orderte den Bus zurück. Imran, Ahmad und Ahsan mit vielen anderen, die in einem Konvoi waren, fuhren aber weiter.

Als Sabir zu diesem Lager zurückkehrte, war es schon dunkel. Sein Bus konnte dann auch nicht repariert werden. Und somit wurde alles auf morgen oder übermorgen verschoben. Sabir war nun allein auf diesem Lagerplatz, und die Kinder, die mit ihm zurückgekommen waren, wurden auch ein paar Häuser weiter untergebracht.

Sabir hatte tief geschlafen, als er durch einen Schrei eines Kindes wach wurde. Dann war aber wieder Stille. Kurze Zeit später hörte er so ein Jammern, als ob ein Kind weinend etwas sagen wollte. Sabir stand auf und schaute um sich herum und dann aus dem Fenster. Draußen war es ganz dunkel. Es war nichts zu sehen und nichts zu hören. Auf einmal hörte Sabir doch noch etwas. Ein junges Mädchen, sie weinte und bettelte: „Nein, … nein." Sabir war ganz hellhörig. Er verließ ganz leise das Zimmer und versuchte die Richtung festzustellen, woher der Schrei kam und lief in diese Richtung. Er passierte ein paar Häuser und sah Licht, das im Keller eines Hauses brannte. Er kam näher. Da konnte er deutlich hören, dass da etwas vor sich ging. Es waren deutlich Anweisungen zu hören wie: „Ja gut, … Hand drauflegen." Sabir ging noch näher und versuchte, an einem Fenster zu lauschen. Er legte sein Ohr ans Fenster. Er konnte deutlich hören und konnte ahnen, was hinter dem Fenster im Zimmer los war. In seiner Neugier er versuchte er, durch einen Spalt durchzuschauen. Drin war es hell wie im Tageslicht. Der Spalt war aber zu klein. Unauffällig versuchte er, das Fenster etwas mehr zu öffnen. Es gelang ihm, den Spalt etwas größer zu machen. Nun sah er, was da im Raum wirklich los war. Es waren dort zwei Männer und ein paar Kinder, die entblößt waren. Ein Mann mit einer großen Leuchte, ein anderer mit einer großen Kamera. Es sah so aus, als ob dort ein Film gedreht werden würde. Aber was für ein Film. Sabir wollte seinen Augen nicht glauben. Er vergaß, seine Spucke zu schlucken. Er war so sehr konzentriert, alles zu beobachten, dass er gar nichts von seiner Umgebung wahrnahm. Im Dunkeln näherten sich zwei leuchtende Augen. Und auf einmal spürte Sabir am Hinterkopf ein starkes Schmerzen. An mehr konnte er sich nicht erinnern. Er wurde bewusstlos.

Ahmad, Ahsan und Imran waren nach einer langen Fahrt über die Berge in Kabul eingetroffen. Ahsan war zwar an Waffen ausgebildet, hatte aber keine Kriegserfahrung, Iran und Ahmad waren ja gänzliche Laien. So wurde beschlossen, alle drei statt an die Kriegsfront vorläufig in eine Opiumplantage zu schicken. Sie mussten dort arbeiten, und zugleich sollten sie an den Waffen ausgebildet werden. Da konnten sie noch von Glück reden, dass sie sich nicht an den kriegerischen Auseinandersetzungen beteiligen mussten. Arbeiten auf der Opiumplantage war auch nicht ganz ungefährlich. Bei einem landesweiten Bombardement der Alliierten könnte man überall getroffen werden. Immerhin waren sie alle drei zusammen, und so konnten sie sich gemeinsam auf die Suche nach Zainab begeben oder zu mindestens daran arbeiten.

Die Opiumplantage lag unweit von dem Dorf, wo sie mit anderen wohnten. Es gab dort mehrere Felder, die nach Verlassen des Dorfes in einem Brachland lagen. Sie wurden tagsüber mit einem Geländewagen dorthin gebracht. Im starken Sonnenschein und im staubigen Wind konnte man die rosa- und lilafarbigen Blüten der Mohnpflanzen nicht übersehen. Als „Freizeitaktivitäten" wurden dort auch Schießübungen mit der Kalaschnikow gemacht.

In diesem ganzen Tohuwabohu war es nicht einfach, irgendetwas zu planen, und es auszuführen war nicht möglich. Allerdings genossen die drei dort als Fremde die Aufmerksamkeit der Dorfbewohner. Alle kamen neugierig zu ihnen, und somit konnten sie doch einiges erfahren bzw. planen.

So konnten sie erfahren, dass dort in der Nähe ein Frauenlager war, wo mehrere Gefangene aus dem Ausland leben würden.

Diese Nachrichten waren sehr überraschend, aber auch sehr hoffungsvoll. Sie fragten weitere Menschen. Bis sie auf eine Person stießen, die sie zu jemandem bringen könnte, der wiederum konkrete Informationen zu diesem Frauenlager geben könnte.

Es vergingen mehrere Tage, bis die drei Freunde tatsächlich Zugang zu dieser Person hatten. Es dauerte dann nicht sehr lange, bis die drei Kontakt zu jemandem hatten, der gegen Zahlung einer beträchtlichen Geldsumme eine Frau aus dem Lager bringen könnte. Der hatte allerdings nicht verstanden, dass die drei nicht irgendeine, sondern eine bestimmte Person, nämlich Zainab, suchten. Letztendlich wurde vereinbart, dass, falls Zainab sich dort aufhielte, zunächst nur ein Treffen mit Ahsan stattfinden würde. Für dieses Treffen wollte diese Person eine große Summe in Islamabad ausgezahlt bekommen. Dieser Mann bekam ein Foto von Zainab und ihm wurde gesagt, falls es sich wirklich um die gesuchte Person handle, würde sie nicht mehr ins Lager zurückfahren, sondern gleich Richtung Islamabad gebracht werden und dort gegen Zahlung einer sechsstelligen Summe zu Ahsan nach Hause begleitet. Ahsan ging es am Tag des Treffens gar nicht gut. Er war sehr durcheinander. Viele Fragen gingen durch seinen Kopf. Ob das tatsächlich seine Zainab ist oder eine andere. Falls sie es tatsächlich war, ob sie mit ihm gehen würde und so weiter.

An dem besagten Tag dauerte das Treffen ganz kurz. Enttäuscht ging Ahsan zu der Person, die alles arrangiert hatte und dort in einem anderen Zimmer wartete.

Ahsan sagte zu ihm: „Schade, das ist nicht die gesuchte Frau. Aber", fügte er hinzu, „du kannst sie trotzdem nach Islamabad fahren, dort wirst du das Geld ausgezahlt bekommen."

Der Mann war überrascht, aber glücklich, dass sein Geschäft doch noch stattfinden würde. Ahsan sprach mit ihm noch über das Wohlbefinden und die Sicherheit der Frau. Und stellte ihm in Aussicht, dass dort auch ein *Bakschisch* für ihn zu erwarten wäre, wenn alles gut klappen würde.

Imran wartete ganz neugierig zusammen mit Ahmad irgendwo in seinem Auto. An diesem Ort wurde Ahsan von diesem Mann abgesetzt. Schnell stieg er ins Auto ein, und die drei fuhren hinterher. Dieser begleitete bis zu einer bestimmten Strecke Imrans Auto, und dann fuhr er Richtung Flugplatz. Die Frau sollte per Flugzeug nach Islamabad gelangen.

Als Sabir wach wurde, befand er sich in seinem Bus, welcher irgendwo in der Nähe von Peshawar stand. Nachdem er Zeuge der unschönen Sachen geworden war, musste er das Trainingsgebiet verlassen. Er durfte dieses lebendig verlassen, weil er zusammen mit seinem Chef eine Geschäftsbeziehung hatte. Sein Chef wurde informiert und er sollte Weiteres gegen ihn unternehmen. Sabir spürte starke Schmerzen am Hinterkopf. Er hatte starken Durst und suchte nach Wasser. Er fand im Bus eine Wasserflasche und konnte daraus etwas Wasser trinken.

Sabir vermisste seine ganzen Sachen, hatte aber sein Handy. Er ging raus und versuchte, Imran anzurufen.

Imrans Handy klingelte. Es war Sabir. Imran hörte Sabirs Geschichte an und fragte ihn, ob er in der Lage wäre, nach Islamabad zu fahren. Imran sagte, er könnte Sabir auch abholen kommen, allerdings würde das alles viel Zeit in Anspruch nehmen. Sabir sagte, er würde versuchen, alleine nach Islamabad zu kommen.

Irgendwie fuhr Sabir bis nach Islamabad. Dort trafen sich alle bei einem Freund von Ahsans Familie. Alle waren glücklich. Insbesondere Ahsan. Er hatte seine Frau gefunden. Allerdings war es sehr gefährlich für alle, im Land zu bleiben. Sabir musste Konsequenzen von seinem Chef befürchten. Ahsan, Ahmad und Imran wurden auch von den Inhabern der Opiumplantage gesucht, denn sie waren von den Leuten des Lagers in Bajor an sie verkauft worden.

Ahsan erstatte eine Polizeianzeige gegen das Lager in Bajor.

بھیگے پل

افسانے

سرور غزالی

Bikhray Pattay

سرور ظہیر یکم جنوری ۱۹۶۲ء کو کراچی میں پیدا ہوئے۔ پیشے کے اعتبار سے آپ شعبۂ خوراک کے انجینئر ہیں۔ عدالتوں میں عرصہ دراز سے مترجم کے فرائض ادا کرتے ہوئے یکم جنوری ۲۰۰۵ء سے اعزازی جج برائے دیوانی عدالت برلن مقرر ہو گئے ہیں۔

۲۰۰۳ء میں پوسٹ گریجویٹ ڈپلمہ، کمپیوٹر سائنس میں کیا اور ۲۰۰۹ء میں ایم اے جرمن اردو ترجمان کی سند حاصل کی ہے۔ شاعری، افسانہ نویسی اور مصوری کا کئی سالوں پر محیط تجربہ رکھتے ہیں۔

ISBN 9781983741692

Doosri Hijrat
by
SARWAR GAZALI

DER AUTOR

Sarwar Gazali wurde 1962 in Karachi, Pakistan, geboren. In seiner Heimat besuchte er die Universität von Karachi – mit dem Abschluss als Bachelor in Mikrobiologie. 1981 kam er nach West-Berlin, um dort weiterzustudieren. Das Fach Lebensmitteltechnologie beendete er schließlich als Diplom-Ingenieur.

Zudem legte er Prüfungen als Übersetzer und Dolmetscher ab und ist seit 1993 vereidigter Dolmetscher für die Sprachen Englisch, Punjabi und Urdu. Zusätzlich ist er als sprachkundiger Sachverständiger für Urdu und Punjabi für die Gerichte und Notare des Landes Sachsen-Anhalt zugelassen. Seit 2018 unterrichtet er die Sprache Urdu an der Humboldt-Universität zu Berlin.

Bisher veröffentlichte er einen Roman, drei Kurzgeschichten und eine Essay-Sammlung auf Urdu. „Blut statt Almosen" ist sein erster Roman in deutscher Sprache. Gazali ist verheiratet und hat zwei Söhne. Neben dem Schreiben widmet er sich in seiner Freizeit gern der Malerei.

DER VERLAG

VINDOBONA
VERLAG SEIT 1946

ein Verlag mit Geschichte

Bereits seit 1946 steht der Vindobona Verlag im Dienst seiner Bücher und Autoren. Ursprünglich im Bereich periodisch erscheinender Journale tätig, präsentiert sich der Verlag heute als kompetenter Partner für Neuautoren am deutschen, österreichischen und schweizerischen Buchmarkt. Engagement, Verlässlichkeit und Sachverstand – das sind die Grundpfeiler, auf denen der Verlag seit jeher sicher steht.

Sie möchten mit Ihrem Werk das vielseitige Verlagsprogramm bereichern? Der Vindobona Verlag garantiert Ihnen eine professionelle Prüfung Ihres Manuskriptes durch das Lektorat sowie eine zeitnahe Rückmeldung.

Genauere Informationen zum Verlag
finden Sie im Internet unter:

www.vindobonaverlag.com